Prof. Marco Antônio Ott

Ottimizando
estratégias para a vida e carreira

77 reflexões profundas para se conhecer melhor e romper obstáculos

Copyright© 2024 by Literare Books International
Todos os direitos desta edição são reservados à Literare Books International.

Presidente:
Mauricio Sita

Vice-presidente:
Alessandra Ksenhuck

Chief Product Officer:
Julyana Rosa

Diretora de projetos:
Gleide Santos

Capa:
Marco Antônio Ott

Diagramação:
Gabriel Uchima

Revisão:
Daniel Muzitano e Ivani Rezende

Chief Sales Officer:
Claudia Pires

Impressão:
Gráfica Paym

Dados Internacionais de Catalogação na Publicação (CIP)
(eDOC BRASIL, Belo Horizonte/MG)

O89o   Ott, Marco Antônio.
         Ottimizando estratégias para a vida e carreira: 77 reflexões profundas para se conhecer melhor e romper obstáculos / Marco Antônio Ott. – São Paulo, SP Literare Books International, 2024.
         200 p. : il. ; 16 x 23 cm

         ISBN 978-65-5922-695-5

         1. Autoconhecimento. 2. Carreira. 3. Sucesso. I. Título.
                                                                           CDD 158.1

Elaborado por Maurício Amormino Júnior – CRB6/2422

Literare Books International.
Alameda dos Guatás, 102 – Saúde – São Paulo, SP.
CEP 04053-040
Fone: +55 (0**11) 2659-0968
site: www.literarebooks.com.br
e-mail: literare@literarebooks.com.br

APRESENTAÇÃO

A obra que proponho a você é resultado de muita reflexão, dedicação e exercício observacional durante muitos anos em que venho acumulando horas no campo do desenvolvimento humano, seja no papel de professor em várias instituições do meio acadêmico, no papel de pai e esposo, ou no papel de mentor e neurotrainer, facilitando treinamentos, palestras e mentorias.

Juntos, vamos abordar as práticas do neurotrainer sob a perspectiva de um professor de universidade. Não sei se você sabe, mas quando esses papéis estão juntos, quem ganha é o aluno, pois o professor é quem dá a base ao neurotrainer, criando uma relação de ensino-aprendizagem, avaliando as necessidades individuais de seus alunos e clientes, identificando pontos fortes e fracos com uma comunicação provocadora que explora o núcleo das crenças, que direciona o melhor caminho para aumentar a capacidade de aprender e resolver problemas, de reduzir o estresse e a ansiedade, de aumentar a autoestima e a autoconfiança.

O **neurotrainer**, caso seja o seu primeiro contato com a expressão, é o profissional que trabalha com o treinamento da mente, combinando conhecimentos da neurociência, da psicologia, da educação e da programação neurolinguística, para desenvolver habilidades cognitivas e emocionais dos profissionais. O objetivo da sua atuação é melhorar a performance, a atitude, a tomada de decisão, a lucidez, a comunicação, a percepção, os relacionamentos, a criatividade e o bem-estar emocional.

Assim explicado, em todos esses espaços de conhecimento, ensinei e aprendi, doei e acumulei. Isso mesmo, o professor é como um piloto. Quanto mais voa, mais acumula experiências e lições que pode continuar transmitindo.

Eis o objetivo central do trabalho que está diante de seus olhos, partilhar o máximo para oferecer a você elementos e recursos que possa colocar em prática no dia a dia, no trabalho, em casa, com os amigos, com a maneira como leva e encara a vida.

Naturalmente, o esforço é meu, mas o foco do trabalho é você. Quero e vou entregar estratégias para que possa investigar a própria mente e retirar armadilhas, bloqueios ou crenças que em algum momento da vida tenham sido apresentadas ou instaladas em sua jornada educacional-mental.

Em alguns trechos, você vai encontrar um comando direto a respeito de um e outro tema, chamado **calibra!** – saiba desde já que "calibrar" significa entender o que está acontecendo em sua vida e decidir. Seria quase equivalente a dizer "cuidado", com uma diferença: a expressão "cuidado", às vezes, impõe cautela ou medo e pode paralisar a pessoa. Já a expressão "calibra" significa "verifica", "presta atenção" e, numa visão mais abrangente, quer dizer "decida calculando riscos e benefícios diante de seu objetivo maior".

Recomendo sua extrema atenção a todos os capítulos e *insights* intitulados **"Ottimize-se"**, que trazem sempre um direcionamento prático, com o potencial de ser pensado, absorvido e colocado em prática. Convido ainda a sua especial atenção a dois capítulos preparados para "sacudir a mente". Preparei o primeiro capítulo tal qual fazem as escolas de samba quando entram imponentes em sua apresentação. Assim, o primeiro é a comissão de frente da obra. Palavras, metáforas, reflexões e detalhes foram pensados de maneira a propor a máxima expansão de sua mente leitora, para abrir o caminho. Já o capítulo 7 é como se fosse aquele momento mágico em que a citada escola consegue entregar o seu recado, a sua comunicação, através de vários componentes (que tive o cuidado de enumerar), e se consagra vencedora. É o que espero, municiar você, para que vença em cada área da vida!

Usando a mesma figura de linguagem, uma boa escola de samba não se descuida da harmonia, do enredo, dos personagens e de tudo o mais. Assim também procurei fazer. Cada capítulo recebeu informações que serão potencializadas pela mente que se expandiu no primeiro e no sétimo. Mas, até o último, organizei cada detalhe com imenso cuidado, tal qual faço em minhas aulas, palestras e demais eventos para os quais sou convidado.

Como todo professor, amo o que faço e faço o que amo em cada minuto de aula ministrada. Portanto, coloco em suas mãos e olhos uma fração desse sentimento, procurando dar o melhor de mim para inspirar, despertar e **ottimizar** o que há de melhor em você.

Boa leitura!

AGRADECIMENTOS

Expresso minha profunda gratidão a todos que contribuíram para a criação que está diante de seus olhos. Seu apoio e influência foram essenciais na jornada de professor e neurotrainer. Sou imensamente grato por tê-lo(a) em minha vida.

Gratidão à minha amada esposa, fonte constante de amor, apoio e motivação. Seu carinho e compreensão são o alicerce que me impulsiona a melhorar a cada dia na carreira, como professor e pai. Sua presença e incondicional admiração resultam na inspiração por trás das minhas conquistas, e sou grato por ter você ao meu lado.

A você, querido filho, meu parceiro, agradeço por ser a minha maior fonte de inspiração. O sorriso contagiante e a curiosidade incansável são marcas suas, que me fazem lembrar constantemente do propósito de meu trabalho. Você me ensina a ser mais criativo, paciente e comprometido com o desenvolvimento de estratégias eficazes para a vida e carreira. Sou grato por você ser parte integrante dessa jornada, fazendo de mim um "pai incrível", como você mesmo diz.

Estendo essa gratidão aos meus queridos pais, fundamentais na formação do ser humano que sou hoje. Sua dedicação em transmitir valores e princípios sólidos foi, permanece e continuará a base por trás do meu trabalho e do meu ser. Sou grato por ensinarem a importância da vontade, integridade, da empatia e da perseverança, virtudes que carrego em todas as minhas atividades.

Agradeço de maneira especial ao Professor Nelson Luiz Posseti, que descobriu e incentivou minha vocação como docente. Sua crença em meu potencial despertou uma paixão pelo ensino e pela busca de conhecimento. Sou grato por suas orientações e por sua percepção de um dia me dizer: – "Termine sua especialização e venha trabalhar comigo".

Ao Professor e grande amigo Luiz Antônio Rolim de Moura, meu profundo agradecimento por sempre acreditar em meu potencial e por generosamente se encarregar do prefácio. Sua confiança e apoio foram fundamentais para que eu pudesse compartilhar reflexões e estratégias com um público mais amplo. Sou grato por sua amizade e por todas as oportunidades que me proporcionou.

Agradeço especialmente à minha amiga, cliente e *personal trainer* Alexsandra Marasca. Sua influência permitindo-me colocar em prática as lições que ensino sobre saúde e bem-estar. Sua dedicação em promover uma cultura de cuidado com a saúde me inspira a ser um professor mais consciente e comprometido com o desenvolvimento integral dos meus alunos.

Além disso, quero expressar sincera gratidão à minha equipe querida, composta por pessoas especiais que me apoiam nos treinamentos e fazem tudo acontecer de um jeito especial, a todos os clientes, empresas e alunos que fizeram parte da minha jornada. Seu apoio e confiança são o combustível que impulsiona minha paixão por treinar profissionais. Procurei, de alguma maneira, retratar cada interação, desafio e conquistas compartilhadas, que contribuíram para a evolução deste livro.

A obra é o resultado de uma jornada marcada pelo reconhecimento de todas as pessoas mencionadas que cruzaram o meu caminho. As 77 reflexões profundas citadas são um convite para que todos possam se conhecer melhor e romper os obstáculos que surgem ao longo da vida.

Por fim, expresso minha gratidão sincera a todos vocês, que são a razão pela qual sou um professor e neurotrainer. Que esse trabalho seja uma ferramenta valiosa para você, leitor, que busca por crescimento pessoal e profissional significativos. Sou grato por cada pessoa que compartilhou sua jornada comigo e espero retribuir, desempenhando um papel inspirador em suas vidas.

Com profunda gratidão e um fraternal abraço, desejo boa leitura!

Prof. Marco Antônio Ott

PREFÁCIO

Imagine uma viagem que deseja realizar...

Antigamente, nos tempos analógicos, quando a pessoa queria viajar, se cercava de guias turísticos, às vezes contando com um profissional da área, ou mesmo comprando uma publicação impressa que detalhava o destino, conhecida como guia de viagem.

Veio a tecnologia e modernizou tudo. Hoje, para viajar a qualquer lugar, basta inserir o endereço desejado no navegador preferido para ter acesso ao melhor caminho, a cada atração da viagem, aos melhores restaurantes do trajeto.

Da metáfora para a vida real, a obra foi formatada como uma grande viagem aos seguintes destinos: autoconhecimento, desenvolvimento pessoal e profissional, motivação, comunicação, o papel da sombra e da luz em nossa vida, família, carreira, mindset expandido, personalidade e várias "atrações temáticas", ou seja, diversos subtemas derivados desses destinos. Exatamente como a viagem em que você dá aquela paradinha estratégica para se divertir, se alimentar ou até descansar.

O guia da viagem, por acaso, é o típico profissional que aprendemos a respeitar e admirar desde a infância, um professor. Se eu, você ou qualquer pessoa buscar na memória, algum(a) professor(a) marcante também foi guia de nossa primeira viagem, aquela que começa na vida infantil, migra para a vida adolescente e vai até à etapa adulta.

Então, imagine como há de ser interessante o fato de que agora, após termos ultrapassado há tantos anos os primeiros contatos com esses mestres que guiaram nossa infância e adolescência, venhamos a receber mais uma vez as orientações de um professor que sinaliza as melhores direções do destino, não somente para alcançar o sucesso, mas para construir uma vida equilibrada, produtiva, de sucesso e significativa.

O professor Marco evidencia a sabedoria colhida em seu percurso como profissional múltiplo, educador, pai, amigo, filho, empresário, neurotrainer e, principalmente, como solucionador de tantos desafios que a vida impôs.

A obra reúne um acervo de experiências, vivências e lições para que cada leitor possa trilhar o próprio caminho com maior consciência, escolhas e discernimento. O ponto central reside no compartilhar generoso das experiências, dos pensamentos e *insights*, proporcionando elementos práticos e aplicáveis para a vida cotidiana.

Levando-se em conta que vivemos numa época marcada pelo alto tráfego de informações e nem todas de fato agregam algo relevante, a viagem inspiradora do "Ottimize-se" oferece um convite para adentrarmos em um território em que cada capítulo, cada reflexão é como um espelho a revelar nosso alto potencial desconhecido, adormecido ou esquecido.

Ora, toda viagem prevê passar por áreas belas, perigos, armadilhas. Convidando o leitor ao contato com o seu máximo potencial, o professor mostra como podemos evoluir, evitando os "buracos na estrada", aperfeiçoando destinos relevantes, como os relacionamentos, a comunicação, a carreira e até a esfera comportamental, desafiando-nos a enfrentar as realidades com coragem, estrutura e intencionalidade.

A viagem passa também por um "lugar" interessante e peculiar, intitulado "calibra!", que revela uma exortação poderosa, evoca o chamado à responsabilidade e à tomada de decisões conscientes, sugerindo a ideia de ajustar, afinar e equilibrar, tal qual um convite a permanecer alerta aos perigos e às oportunidades, adotando decisões ponderadas que nos levem em direção aos objetivos mais autênticos, àquilo que realmente desejamos para a vida, ao destino enfim.

Ainda relacionando o conteúdo à metafórica viagem que citei, cada capítulo revela uma estação de parada e abastecimento na jornada de autodescoberta, trazendo direcionamentos práticos que podem ser refletidos, absorvidos, debatidos e implementados.

O conjunto de *insights* habilmente delineados instiga a relevância de evoluir, de pensar sobre a identificação de nossas forças e fraquezas, proporcionando a rota para construir um plano de ação eficaz que nos guie até a rota dos sonhos realizados. Afinal de contas, até os melhores professores, em dado momento, soltam a mão do aluno para que ele possa dotar-se dos próprios recursos, com autonomia para realizar as melhores escolhas e encontrar a plenitude.

A obra descortina esse caminho e passo a passo, vai preparando o leitor para que a sua viagem seja produtiva e factível, de modo que consiga colocar em prática os ensinamentos, assim que fechar a última página.

Em resumo, o leitor é convidado a mergulhar em si, buscando o entendimento claro de suas individualidades e peculiaridades. Trata-se de um convite ao reconhecimento da própria humanidade, a fim de que possa rever os resultados em todas as esferas da existência.

A obra mostra ainda a diferença entre autoajuda, conhecimento e autoconhecimento, temas que merecemos compreender por que são bases da evolução pessoal e profissional. Além disso, mostra como o recurso da comunicação depende do alinhamento desses elementos para nos conduzir ao êxito em qualquer área.

Generosamente, o é também convidado a viajar pela interação de ensinar e aprender, para que possa praticar a empatia enquanto doa ou recebe soluções, mostrando que a essência da educação é mesmo um caminho de mão dupla, cujo exercício de ensinar e aprender se misturam e se mostram intrinsecamente ligados.

Veja outro ponto interessante. Quando vamos viajar, mil dúvidas surgem a respeito dos detalhes. Assim também é a mente, que pode representar um verdadeiro labirinto. Basta pensar em alguma escolha difícil que precisou fazer e pode-se constatar: diversas possibilidades de decisão parecem apontar cada uma para determinada direção. É aí que entra em cena outra vez a solução da obra, sendo que o guia de viagem mostra como a mente pode ser empregada de maneira eficaz para refletir e decidir com consciência, livre de padrões formados.

Em suma, "Ottimize-se" é mais do que um livro; é um guia de viagem para as transformações que a tecnologia apresenta e a vida exige. Prepare-se para acessar exemplos da vida real, vivências, reflexões, *insights* e técnicas que servirão como uma abundante fonte de inspiração.

Nosso professor pavimentou o caminho, traçou a melhor rota, expôs os perigos e apresentou os elementos para a plenitude e o sucesso em todas as áreas da vida. Resta-me, portanto, desejar que você aproveite ao máximo, coloque em prática e "ottimize-se"!

Prof. Luiz A Rolim de Moura M. Eng.

SUMÁRIO

CAPÍTULO 1:
A LINHA QUE SEPARA AUTOAJUDA, CONHECIMENTO
E AUTOCONHECIMENTO 19

CAPÍTULO 2:
COMO ENTENDER O PAPEL DE PROFESSOR
E ALUNO NA VIDA 39

CAPÍTULO 3:
COMO DIMINUIR O TAMANHO DAS SOMBRAS
QUE CARREGAMOS 55

CAPÍTULO 4:
DESENVOLVIMENTO, FERRAMENTA-CHAVE
DA EVOLUÇÃO HUMANA 67

CAPÍTULO 5:
COMO TER E MANTER O MINDSET EM
EVOLUÇÃO CONTÍNUA 79

CAPÍTULO 6:
O PAPEL DA PERSONALIDADE
DIANTE DAS REALIZAÇÕES 91

CAPÍTULO 7:
COMUNICAÇÃO, A CHAVE-MESTRA
DA EVOLUÇÃO HUMANA 101

7.1.1 - CÉLULA 1 - O ALIMENTO DA MENTE 103

7.1.2 - CÉLULA 2 - A COMUNICAÇÃO EM FAVOR DA EVOLUÇÃO 109

7.1.3 - CÉLULA 3 - A COMUNICAÇÃO E O DINHEIRO 112

7.1.4 - CÉLULA 4 - A COMUNICAÇÃO E OS CONFLITOS........................ 113

7.1.5 - CÉLULA 5 - A COMUNICAÇÃO À LUZ DAS REDES SOCIAIS 119

7.1.6 - CÉLULA 6 - A COMUNICAÇÃO À LUZ DOS RELACIONAMENTOS........ 121

7.1.7 - CÉLULA 7 - O CAMPO DO CONHECIMENTO 124

7.1.8 - CÉLULA 8 - A COMUNICAÇÃO NA VIDA E NA CARREIRA 126

7.1.9 - CÉLULA 9 - O PAPEL DOS FILTROS NA COMUNICAÇÃO 130

7.1.10 - CÉLULA 10 - A TAL DA COMUNICAÇÃO ASSERTIVA.................... 136

7.1.11 - CÉLULA 11 - A RELAÇÃO COMUNICAÇÃO X ASSERTIVIDADE.......... 144

7.1.12 - CÉLULA 12 - A COMUNICAÇÃO EM FAMÍLIA 152

7.1.13 - CÉLULA 13 - A COMUNICAÇÃO NO TRABALHO........................ 155

CAPÍTULO 8:
A VISÃO SISTÊMICA DIANTE DE CADA ÁREA DA SAÚDE 167

8.1 - GRUPO 1 - SAÚDE FAMILIAR 170

8.2 - GRUPO 2 - SAÚDE PROFISSIONAL................................171

8.3 - GRUPO 3 - SAÚDE FÍSICA.....................................175

8.4 - GRUPO 4 - SAÚDE EMOCIONAL 179

8.5 - GRUPO 5 - SAÚDE FINANCEIRA................................ 182

8.6 - GRUPO 6 - SAÚDE INTELECTUAL 188

8.7 - GRUPO 7 - SAÚDE SOCIAL 193

CAPÍTULO 1

A LINHA QUE SEPARA AUTOAJUDA, CONHECIMENTO E AUTOCONHECIMENTO

O ser humano não se basta, razão pela qual depende essencialmente do seu semelhante para seguir evoluindo.

Ottimize-se 1:
"O ser humano não se basta, razão pela qual depende essencialmente do seu semelhante para seguir evoluindo".

É um fato quase inquestionável, certo? Isso quer dizer que estou obrigando você a pensar assim?

Não, jamais faria isso.

Pelo contrário, sou professor e, por isso, grande admirador do livre pensamento. Por outro lado, duvido que alguém possa discordar da frase que escolhi para abrir a obra, pois o ser humano não se basta e prova disso é que, no século XXI, o mundo está às vias de alcançar 8 bilhões de semelhantes.

Existe exceção? Sim, aqui e acolá encontraremos eremitas vivendo em alguma região de mata fechada, mas quem vive cercado de pessoas sabe muito bem que precisa delas. Vamos detalhar.

Desde o início dos tempos, por mero instinto, as pessoas entenderam a **necessidade de relacionar-se** em busca do afeto que traz felicidade, do trabalho em parceria que gera sobrevivência (seja empregado-patrão, cliente-consultor, empresa-empresa etc.), da ajuda mútua que resulta na vida em sociedade, da harmônica composição familiar que constrói a garantia de perpetuação da espécie.

Se um dia foi difícil para o ser humano não-civilizado entender esses conceitos, é razoável imaginar e compreender que não seja tarefa simples, em tempos contemporâneos, reaprender essas necessidades de acordo com a dinâmica da expansão nos relacionamentos.

Antes, o pensamento e as ações repercutiam entre aqueles que estavam física e emocionalmente próximos. No século XXI, o ser humano precisa pensar e agir sabendo que a repercussão de seu ato pode ser imediata e mundial. Por exemplo:

A notícia de um crime bárbaro cometido no século XV teria eco entre a vizinhança e provavelmente seria esquecido no espaço de alguns dias. O mesmo crime cometido no século XXI alcança qualquer pessoa conectada à internet, em qualquer canto do mundo, e o registro digital tem memória eterna.

Aproximar-se do semelhante em proporção mundial, a um simples toque que resulta numa chamada imediata para alguém que está em outro hemisfério e que pode responder em poucos segundos, trouxe uma necessidade: se vamos nos relacionar mais e melhor, precisamos nos conhecer, pois se desejamos absorver o melhor que o mundo tem a oferecer, em retribuição precisamos dar o que de melhor temos.

Só existe um lugar para encontrar o melhor que temos a oferecer aos que amamos e ao restante do mundo: dentro, no exato ponto conhecido por autoconhecimento, em que reside o nosso sistema crenças formado desde a infância e onde se armazenam a nossa tendência a repetir certos hábitos, as preferências que temos e os valores inegociáveis que validamos; como lealdade, capacidade de gratidão e perdão, dentre tantos outros.

22 | Ottimizando estratégias para a vida e carreira

Em outra perspectiva, é também onde estão os vícios comportamentais, aquilo que o norte-americano chamaria de "gap", os pontos que temos a melhorar, como ansiedade, falta de comprometimento, procrastinação, irritação ou desmotivação.

A realidade do autoconhecimento não foi recém-descoberta e nem pode ser classificada como a sacada do século. A despeito dessa suposta obviedade, muita gente ainda ignora o tema ou considera o autoconhecimento como mero "tema de palestra".

Ottimize-se 2:
"Conhecer-se por dentro é uma necessidade vital que acompanha o ser humano desde que o mundo é mundo. Os homens das cavernas não tinham obrigação de saber disso. Nós temos".

Sim, eu sei que "otimize" leva apenas uma letra "t", mas estou oferecendo o neologismo da marca que estruturei, e que ajudou tantas pessoas e empresas, o Instituto Ottimize, que deriva de meu sobrenome Ott. Assim, aproveito a obra para honrar aqueles que sistemicamente permitiram que eu tivesse a satisfação de trabalhar como professor de universidade ou mentor de carreira. A obra só existe por causa de vocês, então muito obrigado!

Aliás, a partir de agora espero presentear você com uma coletânea de reflexões que serão entregues ao longo da obra e, no último capítulo, apresentarei um guia prático para ajudar a ottimizar os resultados na carreira, nos relacionamentos e em cada área importante da vida.

Voltando ao autoconhecimento, tema desse primeiro capítulo que nos conecta, proponho um pensamento metafórico para ajudar a expandir a mente.

A vida, sábia, percebeu que o ser humano caminhava a passos vagarosos e acabou "forçando a barra", demandando a busca necessária por mais conhecimento, que também não se basta (vide contribuição dos filósofos gregos, por exemplo, que trouxeram a importância de conhecer-se em primeiro plano).

Ottimize-se 3:
"Em dado instante, a vida vai mais longe e determina que a pessoa precisa do autoconhecimento, sem o qual o conhecimento não passa de mera informação".

Isso significa, em termos práticos, que precisamos de autoconhecimento para prosperar na jornada pessoal, para oferecer a melhor vida aos que amamos, para conquistar a desejada posição na carreira, alcançar os maiores sonhos e, principalmente, para descobrir o propósito por trás da existência, aquilo que faz com que eu, você e qualquer ser humano feliz trabalhe por amor e não apenas por dinheiro.

Estou sugerindo que viva à luz da utopia? Estou recomendando que você se conheça bastante, seja feliz e abra mão do dinheiro? Claro que não.

24 | Ottimizando estratégias para a vida e carreira

Ocorre que a busca por dinheiro, carreira e sucesso, sem passar pelo autoconhecimento, equivale a fazer uma longa viagem sem ter a menor ideia de qual é o caminho rumo ao destino.

Vê-se, portanto, que o autoconhecimento cerca as questões pragmáticas, mas alcança ainda as necessidades filosóficas e existenciais.

É aí que chegamos à raiz, à causa das causas: ninguém consegue alcançar o autoconhecimento sem passar pela autoajuda.

Ottimize-se 4:
"Se a pessoa deseja se conhecer, precisa se ajudar e o primeiro passo é decidir que aceita essa autoajuda, que consiste em se permitir fazer o que é necessário, mas ainda não foi feito".

Eis um dos maiores paradigmas da humanidade. A nossa raça humana tem uma instintiva necessidade de formar tribos. Isso mesmo, somos tribais e aprendemos desde cedo o processo de adaptação ao que dizem e fazem os demais da tribo, os mais velhos e experientes, os mais sábios e prudentes.

Uma vez adulto, o membro da tribo enfrenta um dilema. Ao ouvir a voz dos outros, tende a atender demandas alheias e assim, pode deixar de fora ou em segundo plano aquilo que é mais importante, a própria voz. Digamos que eu queira fazer parte de uma determinada entidade de classe, pois os que estão lá acabam incluídos àquilo que é "valoroso para a maioria". Pronto, ao pensar assim, eu já reagi a uma "dita obrigatoriedade massiva". Em outra

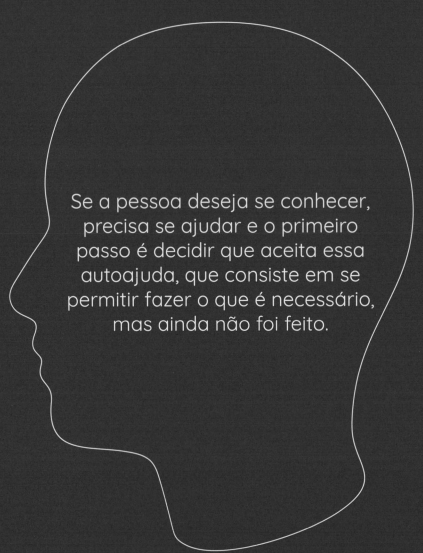

Se a pessoa deseja se conhecer, precisa se ajudar e o primeiro passo é decidir que aceita essa autoajuda, que consiste em se permitir fazer o que é necessário, mas ainda não foi feito.

análise, esse coletivo costuma trazer uma contrapartida indesejável. Por exemplo:

Tenha o máximo de positividade ou sofra as consequências do pessimismo. Busque sempre empreender ou terá resultados medíocres. Faça parte do grupo tal ou estará fora do mercado. Viva uma vida exaustivamente saudável e mostre nas redes sociais o que é ser amado, incluído e reconhecido, ou adoeça pelo sedentarismo, ou saiba que será esquecido.

Será que a vida bem vivida precisa mesmo ser tão radical, como se as únicas opções se resumissem a "oito ou oitenta"?

Oito ou oitenta é uma expressão popular utilizada para definir extremos, que retrata tudo ou nada. É comum que a pessoa não dotada de um meio-termo, ao tomar uma decisão, utilize-se da conjunção "ou" para definir suas escolhas.

Parece ser só uma palavrinha, uma simples conjunção que, na verdade, pode excluir, gerar dúvidas rasas ou até incertezas profundas, já que retrata a pessoa sem margem para negociação, incapaz de mudar de opinião mesmo que pague um alto preço.

Quer ver, na prática, como acontece?

Imagine o estrago que o uso da conjunção "ou" poderia trazer a um questionamento íntimo como este.

"Posso ser o que e quem eu sou, 'ou' devo ser o que e quem os outros querem que eu seja?"

Quando o "oito ou oitenta" é usado, não há totalidade e a vida passa a ser vivida em fragmentos extremistas que impedem o livre aproveitar das possibilidades.

Matematicamente, mostra que perdemos as 72 possibilidades existentes dentre as que vão de 8 a 80. Resumindo, posso deixar de ser 72 vezes melhor para dar importância a **uma** possibilidade de fazer o que os outros querem, sendo quem os outros querem, ou agindo tal qual os outros esperam.

Vivemos tempos em que muita gente se preocupa mais com a opinião do outro, com o que vão dizer nos comentários das redes sociais, se irão curtir, compartilhar ou ignorar, visualizar ou comentar. Não raramente, deixamos de lado perguntas que verdadeiramente importam.

- O que faço hoje é o que eu quero fazer da vida?

- Satisfaz o que sempre sonhei?

- Está de acordo com os meus valores?

- Contribui com o meu próximo?

Filosoficamente, depender ou basear a autoajuda naquilo que os outros vão dizer, seria como viver uma espécie de "outroajuda".

Por exemplo: Diego está às vias de decidir entre servir às forças armadas, ser engenheiro ou médico. As três situações representam o sonho de sua família. Ele, no entanto, sonha ser artista plástico.

Vejamos algumas possibilidades. Diego poderia...

a) Decepcionar as pessoas que ama? Sim ou não?

b) Decidir por se decepcionar, deixando de lado o que o satisfaz e aquilo que verdadeiramente deseja fazer de sua vida? Sim ou não?

c) Avaliar a quantidade de esforço que terá em todas as alternativas e o resultado que cada uma delas traria para sua vida?

d) Dialogar com sua família, expondo a opinião que tem a partir da avaliação que fez?

e) Seguir na conquista de uma das carreiras, acumulando a satisfação de ser artista plástico enquanto estuda a outra?

Ao escrever este trecho, o passado remoto invade minha mente. Ainda consigo escutar o meu pai dizendo o que eu deveria fazer, sem nunca perguntar o que eu queria para o futuro. Certamente, ficaria surpreso se pensasse que, no futuro, seu filho ganharia a vida ministrando aula universitária ou aplicando treinamentos comportamentais e mentoria de carreira, minhas duas principais ocupações.

Dentre essas memórias, algumas vêm conectadas a sentimentos de reprovação, caso eu não seguisse o que era dito. Assim, surgiu na mente a "programação", uma espécie de repetição condicionada no sentido de que devo ajudá-lo a não se decepcionar, com o filho caçula.

Sabe qual foi o resultado disso?

Várias decisões de "outroajuda" impediram que pudesse sequer expor meus pensamentos e sentimentos porque a prioridade era satisfazê-lo. Se eu ouvir a essência disso tudo, na verdade, o que meu pai sempre quis é que eu me desse bem na vida e, para ajudá-lo nisso, tive que me preparar e me libertar da velha programação que paralisava.

E por que estou abrindo para você o baú das memórias pessoais? Por que compartilho com você essa importante passagem da intimidade familiar? Para mostrar que existe congruência, que não estou ensinando teorias e sim os resultados de experiências práticas, para que você conheça outra realidade e tenha alternativas.

Não quero dizer que a "opinião alheia" seja ruim, mas espero mostrar que decidir algo seguindo **apenas** a opinião alheia, pode trazer prejuízo. Afinal, quando se faz o que o outro quer, se elimina o legítimo desejo de ser quem e como você deseja ser.

Ao ler tais memórias, questionamentos e argumentos, fica mais evidente que "e" pode ser melhor que "ou", certo?

Retomando o exemplo, Diego pode dizer que **a)** a engenharia oferece melhor base de perspectiva matemática para a construção; **b)** a engenharia será útil ao que deseja idealizar enquanto artista; **c)** a sua criatividade pode dar melhor perspectiva àquilo que vai construir na engenharia.

Percebe que tudo é uma questão de como Diego **filtra** a situação e suas alternativas? No estudo da Programação Neurolinguística, percebemos que os filtros mentais que usamos em toda decisão fazem toda diferença e você acaba de ter a validação de um exemplo prático. Vejamos outro.

Numa metáfora, imagine-se abrindo um pacote de café recém-torrado, com o aroma aguçando seus sentidos assim que toca o pacote. Imagine que você coloca a água para ferver e não vê a hora de saboreá-lo. Então, coloca o pó no coador, filtra com a adição da água, e sente o aroma se intensificando, transformando a água em um saboroso café, com aquele cheiro marcante de felicidade.

Sim, talvez repare que até salivou ao imaginar a cena.

A mente também processa toda informação que chega, filtrando os detalhes antes de internalizar e aplicar. Se essa informação condiz com a maneira que pensamos, agimos e acreditamos, é aceita e possivelmente, transformada em conhecimento ou oportunidade. Do contrário, é ignorada.

Caso Diego tenha aceitado se conhecer (autoconhecimento) e se ajudar (autoajuda), ele saberá coar o seu café da vida, filtrando a situação e a opinião da família em relação ao seu futuro. Do contrário, viverá a "outroajuda" e, por consequência, há de acatar a vontade das outras pessoas, se tornando coadjuvante na vida que deveria protagonizar, já que é sua.

É um caminho único. Quem procura conhecer como aplicar a própria inteligência emocional durante o cotidiano familiar, pessoal e profissional, merece entender que tudo começa pela autoajuda, pela necessidade de fazer aquilo que a aviação mundial ensina em seus protocolos de segurança, em caso de despressurização da aeronave. Primeiro coloque a máscara em você (ajude-se), depois no outro (ajude-o).

Isso significa que numa situação de caos iminente, sem oxigênio, se você optar por ajudar alguém antes de colocar sua máscara, ficará sem ar, ocasionando inicialmente um desmaio, desabando sobre a pessoa que imaginou ajudar e, na verdade, atrapalhou, mesmo que tivesse boa intenção.

Em sua vida, você já teve boas-intenções, correto? E quem sabe, se deu conta de que algumas não foram produtivas?

Sim, isso ocorre porque provavelmente não colocou a sua máscara, ou seja, faltou autoajuda e preparo (oxigênio). Foi um "esforço por intenção". Do contrário, se estivesse apto (autoconhecimento) e dotado de autoajuda, seu esforço se tornaria produtividade e resultado.

Ottimize-se 5:
"Ajudar o outro antes de praticar autoajuda é mais cruel do que recusar apoio, pois não há como dar o que não tem".

Nas aulas e mentorias, ou nos treinamentos que ministro em várias empresas, escuto com frequência algo que considero uma interpretação equivocada da vida.

— Professor, o senhor está falando da vida pessoal ou profissional?

O equívoco consiste em dividir esferas. Todos os dias, lá ou cá, o que ocorre são simples mudanças nos papéis e no protagonismo diante das circunstâncias. Se estou em casa, assumo o papel de pai e marido. Se estou no trabalho, o papel de neurotrainer surge. Na sala de aula, o professor se protagoniza. Se estou conversando com o meu irmão, o papel do irmão prevalece e assim por diante. É simples, basta trocar o "ou" pelo "e". Sou pai **e** marido, em vez de pai **ou** marido. E assim por diante...

Pode residir aqui um ponto de longa reflexão, o julgamento. Pense:

Ajudar o outro antes de praticar autoajuda é mais cruel do que recusar apoio, pois não há como dar o que não tem.

Verdadeiramente, consegue separar quem você é de acordo com os papéis, mantendo-se a mesma pessoa por essência?

Jura que consegue?

E outra provocação: é possível ser duas pessoas, já que alega separar, assumindo uma vida pessoal e outra profissional?

Até hoje, encontrei muitas pessoas que disseram conseguir tal feito, mas nenhuma delas conseguiu provar na prática como isso seria possível.

Vejamos o caso do personagem João (nome sempre fictício).

João é pai, líder no setor corporativo e responsável por 350 funcionários. Como seu pai já partiu, de certa maneira João sente que é responsável por seus cinco irmãos. Além disso, procura ser bom marido, bom vizinho – é síndico do prédio em que reside – e, por último, é um dos líderes da comunidade religiosa do bairro, que reúne cerca de cinquenta famílias em prol da fé. Como João pode viver esses tantos papéis e ainda encontrar tempo para fazer as coisas que gosta?

Se você pensou "ele deve ter ótimo autoconhecimento", parabéns, acertou em cheio!

Ottimize-se 6:
**"Ser pai é diferente de apenas ter filhos.
Ter um cargo de gestão é diferente de ser líder.
Ser irmão de sangue é diferente de agir
como irmão de verdade".**

O nosso personagem João vive sua vida sem se preocupar com o que os outros vão pensar, só vive e se municia da preocupação de deixar bons exemplos. Lê vários livros durante o ano, estuda de maneira continuada, aproveita seu tempo livre para cultivar relacionamentos saudáveis, usa sua expertise corporativa para ajudar pessoas próximas, cuida da própria saúde, enfim, dá exemplos do que verdadeiramente é viver sem precisar da aprovação dos outros ou das curtidas nas redes sociais. Em resumo, João usa a máscara da metáfora sobre o avião. Primeiro coloca em si, depois provê oxigênio aos outros.

Deixando de lado o nosso João e voltando a pensar em todos nós, se ocorre um grande desapontamento na vida que se diz "pessoal", é possível manter alta performance nas atividades profissionais? Ou vice-versa?

A pessoa perde muito dinheiro no trabalho e volta para casa dizendo que está tudo maravilhoso? Comigo não é assim e duvido que seja contigo.

Se não estou bem, digo que não estou legal e pronto. Aprendi isso com a vida. Em 2005, numa tarde de sábado, sofri um acidente de carro que resultou em uma vítima fatal. Era um sábado e fiquei arrasado. Na segunda-feira seguinte, a agenda profissional me aguardava. Tinha que atender os meus clientes e à noite, precisava ministrar aula na universidade. Lá fui eu.

Estava feliz? Não.

Conseguiria disfarçar? Não.

Conseguiria deixar a vida pessoal de lado e viver a vida profissional livre daquela dor? Não.

Prof. Marco Antônio Ott | 35

Resolvi iniciar a aula oferecendo um resumo do ocorrido e humildemente, pedi ajuda para a turma, afirmando que talvez, naquela aula, eu não teria toda a energia ou o entusiasmo de sempre.

Fiz perguntas que facilitaram a empatia e foi uma das melhores aulas da minha vida. Todos resolveram me ajudar. Tivemos debates incríveis e a empatia de cada um da turma tornou a aula emocionante.

Nesse dia, percebi algo que recomendo a você. Posso ser exatamente quem sou, do jeito que sou, exatamente onde estou, sentindo o que está se passando, independentemente das circunstâncias.

Em resumo, o que fiz? Assumi o papel de ser um ser humano falível e imperfeito, capaz de sentir e assumir que não está emocionalmente 100% e assim, declarei que não me sentia bem, solicitei ajuda, arrisquei no bom relacionamento com a turma e por fim, só recebi gratidão e empatia.

Conforme o exemplo evidenciou, perceba que o professor dotado da visão de neurotrainer e vice-versa, tem sempre um plano, mas não o plano convencional que você conhece, e sim outro:

P.L.A.N.O. = **P**erguntas que **L**igam **A**titudes **N**ão-**O**bservadas.

Sendo a vida a maior e melhor professora, a pergunta não tarda a surgir:

Você pode afirmar que realmente "aprende" com as lições da vida? Ou será que não percebe e deixa a vida passar? Ou será que nem mesmo vê a necessidade de aprender com a vida? Permita-me oferecer uma reflexão.

Autoajuda é assumir primeiramente
para si que precisa de ajuda
externa e, em seguida, mostrar
aos outros que não é super-herói,
que sofre como qualquer pessoa
e que, naquele instante, precisa de
apoio, compreensão, empatia,
carinho ou o que
mais necessitar.

Ottimize-se 7:
"Autoajuda é assumir primeiramente para si que precisa de ajuda externa e, em seguida, mostrar aos outros que não é super-herói, que sofre como qualquer pessoa e que, naquele instante, precisa de apoio, compreensão, empatia, carinho ou o que mais necessitar".

O benefício é automático e pude comprová-lo. Conforme fui recebendo apoio, consegui oferecer o melhor de mim como professor, o que me leva a dedicar o próximo capítulo ao assunto, e a perguntar a você desde já:

Como sente que está a sua vida diante da necessidade de aprender e ensinar, ora no papel de professor e ora aluno; seja na carreira, família ou em qualquer área? Vamos lá ottimizar isso tudo?

Antes, deixo ainda uma pergunta que vou responder e explicar no fim do próximo capítulo: o que significa, lá no fundo, ser e agir como professor de si?

CAPÍTULO 2

COMO ENTENDER
O PAPEL DE PROFESSOR
E ALUNO NA VIDA

Seja você hoje professor ou não,
aluno ou não, a didática da vida
dá um jeito de fazer com
que experimente uma das duas
posições em alternância,
dia após dia, sem exceção.

Ottimize-se 8:
"Seja você hoje professor ou não, aluno ou não, a didática da vida dá um jeito de fazer com que experimente uma das duas posições em alternância, dia após dia, sem exceção".

Antes sequer do primeiro passo sobre a boa relação entre professores e alunos no papel da existência, da vida e da carreira, cientes de que a cada momento todo ser humano está operando em uma dessas posições (aluno ou professor), deixo um alerta sob o formato de teste e vamos ver se a sua mente está treinada para a excelência.

Você reparou que na última frase-pergunta do capítulo anterior, usei a palavra **necessidade** ao citar o exercício de aprender e ensinar na vida? Volte lá e dê aquela conferida de leve, pois se você reparou, esse pequeno teste indica que a sua mente está focada naquilo que é necessário. Mas, se apenas leu uma palavra como outra qualquer sem prestar atenção a ela, não se preocupe, não é o fim do mundo. Até o término da obra, com certeza serão tantos *brainstormings* que deixarão a sua mente ligada em tudo, como deve ser a mente de quem busca objetivos, oportunidades e sonhos: ligada em 220 volts para cada detalhe.

Noto que mesmo diante da necessidade das coisas, muitos a interpretam de forma equivocada, tratando demandas necessárias como se fossem simples escolha entre querer ou não. Vamos ao bom e velho exemplo.

Quem deseja alavancar uma carreira de gestão corporativa deve entender que toda grande empresa, que é onde estão as melhores chances, trabalha com o olhar direcionado aos continentes. Ou seja, o mundo globalizado não facilita a opção entre querer ou não querer.

Se a pessoa deseja ser *player* de qualquer segmento e ver sua carreira alcançando patamares cada vez mais altos, estudar inglês é uma **necessidade**. Se esse mesmo mundo conectado pudesse questionar ao estilo de um professor, como eu, sabe o que esse mundo perguntaria? Decerto, usaria o **P.L.A.N.O** que citei e colocaria no ar duas perguntas:

1) — Poxa, rapaz, como você espera alcançar o mundo sem entender o que dizem as pessoas do outro lado do mundo?

2) — Você vai depender de intérpretes ou aplicativos que traduzam de maneira mediana aquilo que você deveria entender em detalhes?

Exemplo dado, vamos refletir, pois precisamos...

**Ottimize-se 9:
"Dificilmente encontraremos alguém que
não deseja uma carreira bem-sucedida.
Porém, em qualquer empresa existe gente
indisposta a pagar o preço necessário".**

Sabe a autoajuda e o autoconhecimento que estudamos no capítulo 1? Ambos estão em falta a quem passa por isso e um terceiro elemento se encaixa, permanecer cego diante do que é necessário.

Agora, confira um truque comportamental que muitos utilizam. Convenhamos que se existe uma coisa que a mente sabe fazer com excelência é cobrar. Por exemplo: se o fumante sabe que é necessário e não consegue parar, a todo instante vai escutar diferentes mensagens da própria mente, que chamamos de diálogo interno.

Você ficou de parar e não conseguiu. O cigarro pode te matar.

As pessoas não dizem nada, mas detestam o cheiro de cigarro impregnado em você.

Não é nada bom que o seu filho veja você fumando.

Muitas pessoas têm um velado preconceito contra fumantes. Será que você não sairá prejudicado ao assumir, na entrevista de hoje, que é fumante?

As cobranças serão incansáveis porque se o conjunto da obra "ser humano" é imperfeito sob o ponto de vista abstrato, a mente humana é perfeita para formatar uma incansável agenda de cobrança.

Com base nisso e voltando ao exemplo da pessoa que necessita estudar inglês, a pergunta surge.

Qual estratégia você acha que será usada por essa pessoa, a fim de não se cobrar?

Isso mesmo, apesar de ciente da necessidade, para não escutar a própria mente cobrando demais, ela prefere inserir uma nova e falsa informação em seu sistema de crenças, que pode ter vários formatos.

Além do que se aprende com os
mestres desde a primeira escola
até o berço acadêmico,
o ser humano deve aprender
a ser professor e aluno de si.

- *Não quero estudar inglês!*

- *Não gosto de estudar inglês!*

- *Não acho justo ser obrigado a falar inglês, uma vez que o gringo não se obriga a falar português!*

Já a fala "eu necessito aprender inglês para prosperar na carreira" nunca é dita e a inscrição no curso jamais é feita. Afinal de contas, no fundo a pessoa sabe: assim que pronunciar essa frase, um compromisso mental é firmado entre razão e emoção, de modo que as cobranças da mente vão chegar de ambos os lados, especialmente do lado lógico, cartesiano.

Ottimize-se 10:
"Além do que se aprende com os mestres desde a primeira escola até o berço acadêmico, o ser humano deve aprender a ser professor e aluno de si".

Sabe o que isso quer dizer? Ainda com o olhar naquele exemplo do aprendizado de inglês, que serve para ser comparado a qualquer outra demanda **necessária**, pensemos: nem sempre o líder ou alguém que serve como "professor" em sua vida vai chegar e dizer "cara, tu necessitas aprender inglês, se quiser crescer na carreira".

Quando a oportunidade chega, quem está pronto fica com ela, daí a importância de agir como professor de si, treinando a própria

Prof. Marco Antônio Ott | 45

mente a focar, praticar o que é necessário e realizá-lo sem pretextos, sem adiamentos. Sim, isso mesmo.

Ottimize-se 11:
"A mente aceita ser treinada e ensinada de acordo com a vontade de seu professor. Sem isso, decidirá condicionada por crenças e valores armazenados desde a infância, como uma espécie de piloto automático".

Você se lembra daquela melhor aula que mencionei, após o acidente? Talvez, aqui ou ali, alguém possa alegar que somente foi possível encontrar apoio dos alunos e dar a melhor aula da carreira porque sou professor e dada a profissão, em tese estaria preparado para adversidades.

Fosse o caso, em resposta eu diria "calma lá". O conhecimento intrínseco não é revelado por livros acadêmicos e nenhum professor do país ou do exterior é treinado para reagir emocionalmente da maneira mais assertiva.

Seja a pessoa professora por profissão ou não, o fato é que qualquer ser humano deve saber que em dado momento, seus comportamentos serão de mestre. Em outros, de aluno. E está tudo bem, é positivo que seja assim.

Contudo, outro ponto que deve estar em pauta é a necessidade que demonstrei de ser "professor de si", sobretudo ao perceber que ninguém mais está **ensinando o que é necessário**, o que nos leva a concluir quão importante é a autoajuda e o autoconhecimento, que podem ser resgatados ou despertados na mente assim que a pessoa quiser, desde que mergulhe dentro de si, pois a parte rasa da mente é como o raso da piscina ou do mar: é bom, mas o fundo é bem melhor.

Ottimize-se 12:
"No raso da mente encontraremos apenas comportamentos repetitivos, quase sempre motivados por velhas crenças enraizadas. Somente ao explorar os recônditos da inconsciência, passamos a descobrir como e quanto podemos nos ajudar".

Ser professor, portanto, não torna ninguém especial, não faz com que passemos a ter uma visão mais evoluída ou única da vida. Quando estamos à frente de uma turma que deseja evoluir, nós professores somos como a ponte, tão e somente.

Quem caminha sobre a ponte é o aluno. Mas o que existe do lado de lá, no fim da ponte? Além da profundidade que mencionei na reflexão *Ottimize-se 12*, se você pensou em futuro, acertou em cheio. E, claro, duvido que alguém espere um futuro em que os resultados sejam os piores possíveis.

Ottimize-se 13:
"Ser professor no território acadêmico ou na vida, é gerar reflexões sobre expectativas e interpretações, para que o próximo alcance resultados melhores".

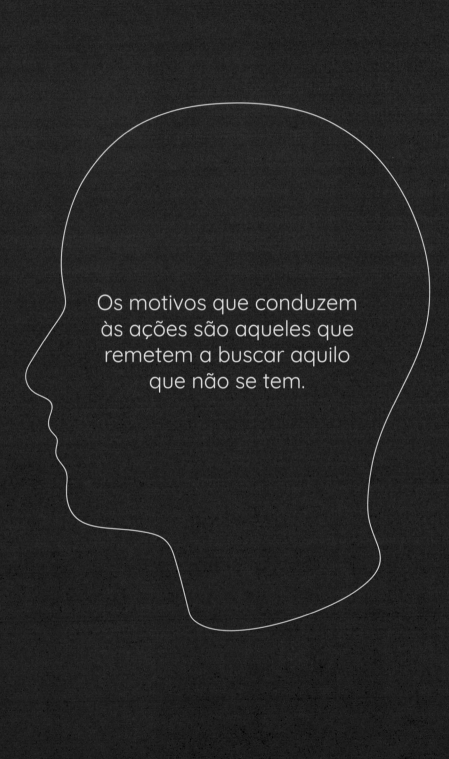

Todos nós esperamos e interpretamos algo diante daquilo que sabemos. O professor já sabe que um bom aluno quer aprender e esse bom professor há de colaborar para que o aluno interprete hipóteses bem ampliadas, pois isso vai gerar uma autonomia bem maior para decidir e alcançar os melhores resultados.

Alguns professores ou profissionais da área do desenvolvimento humano, transformaram autoajuda numa necessidade "de consultório", com teorias rasas que especulam verdades flácidas para embelezar aulas, palestras ou treinamentos e por isso, muita gente torce o nariz ao se deparar com os temas "autoconhecimento" e "autoajuda". Sim, estou insistindo um pouquinho mais no tema porque sem esses dois elementos, ninguém consegue ensinar nada nem aos outros, nem a si.

Como neurotrainer, uma das minhas responsabilidades é desmistificar o assunto, é mostrar que sim, podemos e devemos viver em busca de uma incansável pesquisa íntima/interna. E sim, podemos e devemos buscar em nós o motivo capaz de impulsionar a vida rumo ao próximo passo.

A questão motivacional também pode e deve ser desmistificada. Sabe por quê?

Ottimize-se 14:
"Os motivos que conduzem às ações são aqueles que remetem a buscar aquilo que não se tem".

Ou, ainda, buscar o que falta (escassez ou privação) que gera a necessidade de agir por algum motivo. Então, a pessoa se motiva a resolver e lidar com o que ainda precisava de solução. É simples; estou com sede? Quero saciar a sensação, então me motivo a fazer ou comprar um suco. Isso é autoajuda, é saber o que posso fazer para resolver a necessidade. Por consequência direta, ficar satisfeito com o que foi feito é resultado do autoconhecimento aplicado (em vez de apenas teorizado).

Se recebermos ajuda de mestres, treinadores, autores e especialistas diversos, ótimo! Bem-vindos sejam todos os formatos de ajuda evolutiva que a internet, os professores ou os livros possam gerar. Mas, sem autoajuda, não teremos disposição, sequer, para ligar o computador, ler um livro ou assistir uma aula em busca de crescimento.

Observe que estamos revolucionando o pensamento prático a respeito da autoajuda e do estilo "professorado" de trazê-la para a vida.

Só por um instante, deixe de lado todas as possíveis associações negativas que o cérebro seja capaz de fazer em relação ao tema autoajuda: palestra chata pra caramba, reuniões em grupo para abrir o coração, "dinamicazinhas" para massagear os ombros do colega da frente, livros pouco ou nada agregadores que possa ter lido, frases de botequim extraídas de sites, vídeos rasos a que tenha assistido.

Estou propondo uma espécie de livre-pensar, um mergulho do pensamento crítico pelos esconderijos da mente. Estou oferecendo uma perspectiva que permita pensar em ajuda evolutiva, pura e simplesmente, aceitando e internalizando tanto a ajuda que vem de você, quanto a externa. E acredite, ninguém é mais capaz do que você para gerar e oferecer ajuda evolutiva.

O motivo é bem simples, ninguém conseguirá ser melhor professor das decisões que você. Quando atua como seu professor, você decide com a sabedoria de quem já aprendeu com erros anteriores e inova, procura novas estratégias para que a decisão seja transformadora. Quando atua como seu aluno, decide de acordo com a teimosia das decisões repetidas e motivadas por velhas crenças que, não raro, levam a resultados idênticos.

Seja uma boa ou má decisão, cada ação e decisão gera um tipo de evolução, seja para aprender com a mais recente cabeçada, ou para celebrar com o que resultou num gol de placa. Os antigos costumavam explicar isso de uma forma bem simples, algo como o resumo do resumo: até errando se aprende. Quem, em sã consciência, ousaria questionar a sabedoria popular daqueles que vieram bem antes de nós?

Entende agora o conceito de atuar como professor ou aluno da vida?

Espero que tenha gostado das reflexões e fechando a promessa que fiz, você se recorda que fiquei de responder e explicar uma pergunta no fim deste capítulo? Caso a sua memória não esteja ajudando, vou dar uma força e repeti-la.

O que significa, lá no fundo, ser e agir como professor de si?

Primeiro, deixo claro que a exemplo do capítulo anterior, todo final de capítulo deixará uma pergunta inquietante para a sua mente a procurar respostas profundas. Respondendo a primeira, aí vai: sou professor profissional, ganho a vida ensinando pessoas físicas e empresas a encontrarem não apenas respostas para a disciplina aplicada, mas respostas que estão dentro delas, aprisionadas pela falta de perguntas certas. Portanto, a resposta é esta. **Só consegue ser professor de si quem passa a vida se fazendo perguntas embaraçosas e investe um bom tempo para não deixá-las sem respostas.** A próxima reflexão *Ottimize* esclarece isso de forma resumida.

Ottimize-se 15:
"Esclarecer perguntas que insistem em se repetir na mente deve ser um exercício diário para impulsionar a vida. Ao recusar tais respostas, por consequência as metas, os anseios e desejos são aprisionados, de modo que só restará a rotina".

Seguindo o nosso plano de *brainstorming*, apontarei outra pergunta clássica do setor de desenvolvimento humano, que chamamos de "grande" por não permitir uma resposta simples "sim ou não". Ou seja, é para fazer com que pense muito e o objetivo, obviamente, consiste em conduzir você ao mais profundo nível de reflexão. Vou fazer uma introdução para apresentá-la.

A mente inconsciente (que protege padrões e crenças para evitar mudanças), costuma esconder da mente consciente (mais próxima das mudanças desejadas) informações que permitam um mergulho no autoconhecimento.

Contudo, o que você precisa é somente um *greencard*, uma permissão para se conhecer melhor. O mais irônico é o emitente desse passaporte que conduz às mudanças profundas. Eis a pergunta:

Você, como uma espécie de agente de imigração, permite agora que outra porção de você, exploradora de sonhos, avance? Ou prefere não descobrir quão grandiosa pode ser a sua nova vida? No fim do capítulo 3, vou propor a resposta.

Tanto agora quanto nos próximos capítulos, já está clarificado que só uma resposta pode mudar positivamente a sua vida, aquela que vem do seu melhor e maior professor, você.

— Professor Marco Antônio Ott, mas eu não me acho melhor do que o meu professor favorito. – disse um aluno, certa vez.

Compartilho a resposta que dei, para fecharmos rumo ao próximo capítulo.

— Sobre a disciplina que o seu professor favorito ensina, ele passou a vida em contato com a matéria. Não há qualquer problema em pensar assim e você deve mesmo absorver o que ele transmite. Sobre a sua vida, você está em contato com ela desde a infância, sabe o que prefere, conhece os seus valores, sabe quais crenças carrega, está ciente de quantas delas são agregadoras ou limitantes. Você sabe o que gosta e o que não gosta, tem total conhecimento do que necessita melhorar na vida ou na carreira. Entende onde quero chegar? Não? Então serei mais claro:

Ottimize-se 16:
"Você é o melhor professor que a vida poderia oferecer. Ocorre que em todas as profissões têm os bons profissionais, os medianos e os excelentes, inesquecíveis. Resta saber que tipo de professor você tem sido para si e como pode melhorar".

Ottimizando, já mergulhamos na autoajuda, no autoconhecimento, investigamos onde está o nosso melhor ou pior professor. Então, chegou o momento de explorarmos luz e sombras. Vamos lá?

CAPÍTULO 3

COMO DIMINUIR O TAMANHO DAS SOMBRAS QUE CARREGAMOS

Honrar a herança intelectual, repetindo o legado de um ente querido, é louvável e aponta para a luz sistêmica que passa de um para outro. Contudo, sem perceber, muitos honram sofrimentos dos antepassados, repetindo privações, vivenciando dores semelhantes ou adotando escolhas inconsequentes.

Ottimize-se 17:
"Quem sofre de maneira sistêmica por escassez de recursos, dificuldade nos relacionamentos e afins, sem querer, talvez esteja alimentando suas sombras, dificultadoras naturais desses e de outros desajustes".

Sim, é o próximo passo depois da autoajuda, do autoconhecimento e da estratégia de olhar a vida através das lentes de um humilde professor.

O ser humano que foi capaz de ajudar-se, de conhecer os detalhes de sua luz e sua sombra nas profundezas do autoconhecimento, está pronto para desenvolver-se em vários aspectos: profissão, espiritualidade, qualidade de vida, finanças (evolução atrai prosperidade), intelecto, saúde física, carreira e lazer.

Antes de aprofundar, permita-me explicar a subjetiva questão da luz e da sombra. A ciência explica que somos feitos de carne, sangue, ossos, órgãos, artérias e um complexo sistema químico-hormonal. Faltou apenas explicar como funciona a nossa percepção sob a ótica da existência.

Sem dúvida, é prazeroso escutar as pessoas enaltecendo as qualidades que nós carregamos (luz). Mas será que é fácil assumir as limitações (sombras), que trazemos, muitas vezes, até mesmo de maneira sistêmica, repercutindo o comportamento de pais e avós?

Ottimize-se 18:
"Honrar a herança intelectual, repetindo o legado de um ente querido, é louvável e aponta para a luz sistêmica que passa de um para outro. Contudo, sem perceber, muitos honram sofrimentos dos antepassados, repetindo privações, vivenciando dores semelhantes ou adotando escolhas inconsequentes".

Se você pensar em alguém que bebe sem moderação, observe a família e verá um comportamento repetido do passado remoto ou distante.

O mesmo exemplo pode ser verificado dentre pessoas que não conseguem sair do endividamento. Procurando bem, veremos que pai, mãe ou avô relacionavam dinheiro a comportamento nocivo.

Quer se desapegar de comportamentos e vícios? Investigue o mesmo evento em família porque a mente necessita **(lembra do conceito de necessidade?)** saber que esse comportamento ou vício é "importado" do passado para dar um novo significado, eliminando ou ressignificando.

Pensemos, voltando nosso olhar para luz e sombra. Será fácil assumir que em determinada ocasião fui egoísta, senti inveja, desejei o insucesso desse ou atrasei o caminho daquele?

58 | Ottimizando estratégias para a vida e carreira

Ottimize-se 19:
"Por mais doloroso que possa parecer, assumir as sombras que carrega é um caminho crucial para dois bons resultados, diminuir o tamanho das sombras e aumentar o tamanho da respectiva luz".

Usei a expressão "possa parecer" porque só parece doloroso. Em termos práticos, é libertador aprender a diminuir o tamanho das sombras que nos acompanham, melhorando aquilo que reconhecidamente exige melhoria.

Na maioria das vezes, as sombras se relacionam com o passado, onde encontramos a história experimentada e, por vezes, dolorosa. Por isso, quando buscamos memórias do passado remoto ou mesmo da semana passada e, refletindo, o que surge na mente não são fatos e sim "interpretações", tome cuidado e ative o sinal de alerta!

É na sombra que encontramos fatos. Portanto, atente-se aos fatos da sua "vida vivida". Assim, poderá trazer luz e cura às interpretações que estão na sombra.

Além disso, interpretações nos inclinam a criar um breu, o início da escuridão para a sombra. Diante de fatos, inexistem argumentos e assim, interpretações se tornam mentiras que contamos para nós, com o propósito de alimentar uma punitiva e sistêmica sombra.

Quando a mente humana é forçada a criar distorções, omissões e generalizações, ela se condiciona e se especializa. Isso explica porque algumas pessoas são hábeis em fugir da verdade, disfarçar uma performance abaixo do esperado ou justificar fracassos pontuais.

Ottimize-se 20:
"Quem deseja diminuir suas sombras e aumentar sua luz deve entender que não adianta escondê-la, por exemplo, ao estilo 'não acho ruim ser ansioso em todas as situações'. A sombra da ansiedade está ali, deve ser conhecida, trabalhada e ponto-final".

Já vi casos em que a pessoa procura meios de justificar suas sombras, em vez de procurar se desfazer delas. Certa vez, uma aluna trouxe um dilema sem precedentes.

— Professor Marco, assisti o vídeo de um palestrante. Ele dizia que é bom ter um pouco de ansiedade, então pensei: se ter pouco já é bom, ter muita é melhor ainda e eu sou um poço de ansiedade.

Levou um tempo para convencê-la da manobra que a mente estava fazendo para distorcer a fala do palestrante e manter a sombra da ansiedade em todas as áreas de sua vida, mas consegui colocá-la a refletir.

Ottimize-se 21:
"Quando a mente humana é forçada a criar distorções, omissões e generalizações, ela se condiciona e se especializa. Isso explica porque algumas pessoas são hábeis em fugir da verdade, disfarçar uma performance abaixo do esperado ou justificar fracassos pontuais".

A exemplo da aluna, quantas mentiras as pessoas repetem para si, no fundo cientes de que são inverdades?

E quantas verdades insistem em dizer que são mentiras, para não encararem o que há por trás ou ao redor dessas verdades?

E quantas mentiras acabam repetindo tanto, até transformá-las em verdades absolutas?

Para você não pensar que estou empenhado apenas em colocar o dedo na ferida dos outros, vou dar um exemplo da própria vida.

Lembro-me de uma época, bem lá no passado remoto da adolescência, em que "eu dizia para mim" que sentia falta de carinho e admiração.

Percebeu bem? Eu cumpria o papel de massacrar as próprias perspectivas. No fundo, não queria encarar os fatos da ausência de amor e admiração do meu pai e não é uma crítica, mas uma constatação. Meu pai, um trabalhador nato que seguia sua vida para sustentar a família de seis integrantes, aprendeu a trabalhar duro, em vez de ficar elogiando pessoas.

Por muitos anos, interpretei que se eu fizesse algo pelos outros, "eu" me sentiria admirado. Falsa ilusão, essa interpretação me deixou frágil e à mercê de pessoas que me usaram para conseguir aquilo que "queriam para elas".

No entanto, naquela época bastavam os "poucos elogios" de quem quer que fosse, para me fazer sentir melhor.

Reflita comigo: na ocasião, apenas interpretei dizendo "que" me faltava ser admirado, sendo que os fatos apresentavam "o que" me faltava, a admiração de meu pai.

Quando resolvi, anos depois, acessar essa questão (a sombra), consegui absorver a situação de outra forma e com um novo sentido. Ora, se o meu pai não dava elogios a ninguém, por que eu interpretava que ele não "me" admirava? Vejamos um exemplo.

Ottimize-se 22:
"Muitas vezes, de forma equivocada a pessoa procura alimentar seus gaps por meio de expectativas que projeta nos outros, como se dependesse disso para fazer o que somente cada um pode fazer por si, encontrar o autoconhecimento, o êxito nas várias áreas da vida, a plenitude".

Em resumo, era isso que estava acontecendo comigo. Numa certa oportunidade, convidei o meu pai a viajar comigo, pois fora contratado para ministrar palestra em outro Estado, e cumprir o trajeto de carro seria melhor do que viajar de avião.

Para minha surpresa, meu pai aceitou e iniciamos uma viagem de quinhentos quilômetros de trajeto para ir, com outros quinhentos para voltar.

Uma vez lá, fui palestrar no evento de uma das empresas do Sistema S, o Senai, que celebrava o dia da indústria. Abri minha palestra emocionado, já que o meu pai, industriário aposentado, pela primeira vez estaria presente num evento em que seu filho era palestrante.

Foi um sucesso, o público aplaudiu de pé e muitos fizeram fila para cumprimentar meu pai na plateia, pelo trabalho do filho entregue no palco.

Em minha mente, emoções eclodiram e expectativas surgiram. Fiquei ansioso a respeito de como seria a devolutiva de meu pai, mais tarde, quanto ao que presenciara.

Fomos jantar, depois dormir, e nada. No outro dia, tomamos café da manhã, e nada. Preparamos as malas, e nada. Fizemos check-out no hotel e, adivinha só, nada.

Entramos no carro e quando tínhamos cumprido mais de quatrocentos quilômetros da viagem de retorno, quase em casa, depois de um "silêncio ensurdecedor", não suportei mais e trouxe o assunto à tona.

— Pai, você não vai falar nada sobre o que vivenciou, sobre o que ouviu da audiência sobre o meu trabalho no palco?

Ele pensou alguns segundos e fiquei meio que olhando de lado, com a atenção na estrada e "rabo de zóio" nele. Finalmente, percebi que o meu pai ia responder e pensei:

Até que enfim!

Naquele instante, imaginei que ele usaria os cem quilômetros finais para dividir comigo quais *feedbacks* tinha gostado mais, ou algo assim. Na prática, a devolutiva dele teve quatro palavras.

— Você fala muito alto!

Ora, o que eu poderia esperar? Era o *feedback* de quem não aprendeu a elogiar, e sim a identificar sempre "o que" se deve melhorar. Por certo, aprendi que devo diminuir ou perceber melhor o meu tom de voz durante os eventos.

Quando entendi que ele era assim, pois foi criado assim, e que a ansiedade de saber o que ele pensa é uma demanda exclusivamente minha, da minha cabeça, apenas minha e ponto-final, afinal consegui entender em toda sua amplitude, retirando toneladas de peso carregadas por anos em minha vida. Uma frase, um pensamento para abrir as chaves de um cárcere que eu havia criado: ele é assim e está tudo bem.

E mais, descobri que para ele, se os filhos estão bem, então está tudo bem e do contrário, aí sim ele se posiciona. No lugar de jogar confetes nas qualidades dos filhos, meu pai é do tipo que encontra e aponta o problema, para que cada filho resolva e evolua. Ele tem o direito de ser assim, é uma prerrogativa dele.

O que desejo deixar claro ao partilhar este trecho de minha história, oferecendo a você um tipo de resumo da ópera, é um caminho para que você não precise passar anos se questionando ou se punindo por causa da escolha dos outros, do que pensam e fazem (ou não fazem, como o exemplo de meu amado pai).

Ottimize-se 23:
"Entender, avaliar sem julgar, buscar os fatos que envolvem nossas sombras, é um exercício simples que traz luz, sabedoria e cura".

Fechando a questão, são reflexões e ações assim que reduzem as nossas sombras, e fazem aumentar a luz que precisamos para iluminar o crescimento em qualquer área da vida.

E agora, vamos à resposta da grande pergunta feita no capítulo anterior. Refrescando sua memória...

Você, como uma espécie de agente de imigração, permite agora que outra porção de você, exploradora de sonhos, avance? Ou prefere não descobrir quão grandiosa pode ser a sua nova vida?

Eis a resposta. Imagine-se chegando no aeroporto de um país que se chama **meu futuro**. Lá, se depara com **você** no departamento de imigração. E sim, pode parecer um absurdo, mas não julgue a metáfora, apenas imagine, exercite o seu cérebro e se permita. Vamos supor que você de **meu futuro** diga ao recém-chegado:

— Eu sou você e só posso permitir que entre em **meu futuro,** onde estão os nossos sonhos, se estiver pronto e disposto a lutar e viver uma nova vida, principalmente porque agora você sabe quais são as sombras que precisamos reduzir, sabe como a autoajuda e o autoconhecimento são importantes, sabe como pode ser o professor da própria vida. Se ainda assim, prefere que eu não carimbe o passaporte, basta dar meia-volta e sua antiga vida estará à espera. Eu prefiro que fique aqui e juntos seremos um só, mas a decisão só cabe a você, que é o meu antigo eu.

E assim terminou o diálogo metafórico que acabo de apresentar. Cabe a você, que está com os olhos fixos na obra, refletir e dizer como termina a resposta.

Estamos prontos para a reflexão do desenvolvimento e antes, entrego a grande pergunta que você já sabe, será respondida ao término do próximo capítulo, aprofundando o que é necessário investigar.

Será que as sombras têm o poder de atrapalhar o propósito pelo qual vivemos?

CAPÍTULO 4

DESENVOLVIMENTO, FERRAMENTA-CHAVE DA EVOLUÇÃO HUMANA

Tenha encontrado os resultados que forem, bons ou menos bons, quem você é deriva de quem você foi, do que decidiu mudar e do que preferiu manter, de quanto se dispôs a fazer ou quanto adiou, de como agiu ou travou, de quanto decidiu aprender ou ignorar. Quem você será depende do que fizer outra vez sobre tudo isso.

Isso mesmo, estamos falando da evolução de nossa espécie que, inevitavelmente, há de passar pelo desenvolvimento, seja a minha, a sua ou a de qualquer semelhante.

A palavra **desenvolvimento**, por si, ensina que somente faz-se possível existir quando há **real envolvimento**. É só ler o que está escrito, refletindo sobre o mecanismo quantitativo e cumulativo.

Ottimize-se 24:
"Quanto mais eu me envolvo, melhor me conheço, melhor preparado estarei para desenvolver a própria evolução".

Vamos iniciar pela busca de respostas verdadeiras, que saem como um movimento natural do coração, de forma quase indolor.

Você pode ser você mesmo(a)?

Ou será que, durante toda a vida, tem sido quem esperam que seja, em detrimento de quem deseja ser, de quem tem se desenvolvido para se tornar?

Percebe quão profunda é a resposta que pode circular por sua mente?

Vamos entender que "ser eu" significa repetir o que eu fiz (passado), somado ao meu estado atual (presente) de desejar algo mais (futuro).

Ottimize-se 25:
"Tenha encontrado os resultados que forem,
bons ou menos bons, quem você é deriva de quem você foi,
do que decidiu mudar e do que preferiu manter,
de quanto se dispôs a fazer ou quanto adiou,
de como agiu ou travou, de quanto decidiu aprender
ou ignorar. Quem você será depende do
que fizer outra vez sobre tudo isso".

Convido você a imaginar que está aí de pé, ao seu lado. Sim, isso mesmo, imagine-se fora de seu corpo, olhando para si.

Olhe e diga o que vê. Fico aqui imaginando que possa dizer que está vendo "o seu eu" lendo o livro. É isso mesmo, você está indo maravilhosamente bem.

Vejamos como funciona essa experiência analisada pela perspectiva de "tudo".

Peça para o seu "eu de fora" ver toda a sua linha da vida, percebendo cada detalhe que se repete, observando tudo que não quer mudar, tudo que considera lamentável, tudo que faz você acusar o mundo, tudo que acha difícil, tudo que faz você se vitimizar, tudo que você vê num passado se repetindo e repetindo, num *looping* sem fim, sistêmico e incansável.

Agora, veja como foi nas ocasiões em que assumiu responsabilidades, quando viu que era somente você, que você era a causa de tudo o que acontecia. Isso mesmo, isso é "ser eu", é ser o que e quem sou, onde estou e do jeito que sou, portador ou conquistador de coisas não tão boas e coisas boas.

Ser significa essência. É o sistema do "eu no todo" e o "eu em determinada parte", incluindo o fator tempo. Então? Gostou do que viu?

Enquanto isso, "ser o que esperam de mim" quer dizer que "eu" preciso ser e fazer o que os outros querem. É saber que gosto de azul e me apresento de preto porque alguém disse que ficaria melhor.

Muitos já usam o conformismo e começam a acreditar que o azul não lhe cai bem e assim, criam mais sombras sobre a própria existência, deixando a sombra cada vez mais escura, e atrapalhando o desenvolvimento. Vamos conferir um exemplo.

A cor azul é a preferida de Paula, mas sua melhor amiga diz que Paula fica horrível usando o tom.

Paula vai participar de um processo seletivo para o emprego de seus sonhos. Fez tudo o que era necessário, se preparou, pesquisou a empresa, e se sentia bem emocionalmente.

Quando chega o grande dia, lá está Paula na frente do *closet*, indecisa diante da escolha do figurino azul ou preto para representar sua imagem exterior.

Pronto, Paula decide ir de azul. No entanto, ao ver sua imagem projetada no espelho, vem à mente a voz da melhor amiga, com eco.

— *Paula, você fica horrível de azul, ul, ul, ul.*

E agora? Paula não concorda com a amiga, mas a dúvida está ali, como uma pulguinha atrás da orelha, fazendo o que a mente faz de melhor nas situações em que é convocada a retardar o desenvolvimento.

Ah, você nunca ouviu falar nisso?

Explico: a mente é uma ferramenta que trabalha como um computador, por meio de comandos programados. Se programamos "medo" e atualizamos "a máquina", alimentando-a com medo a todo instante, a mente não demora a gerar exemplos e criar cenários assustadores quando há a necessidade de agir em busca de algo (lembra daquele trecho que exploramos as necessidades?).

Por que a mente faz isso, agindo em nosso desfavor? O motivo é simples, do mesmo jeito que um computador faz, a mente não julga o que é certo ou errado, bom ou ruim. Apenas atende a um comando programado.

Ottimize-se 26:
"Se a pessoa diz sempre 'eu estou ansiosa' a mente entende que está recebendo a programação de gerar ansiedade e se encarrega de apresentar lembranças ou criar cenários futuros em que a pessoa já foi ou poderá sentir-se ansiosa. O que começa por uma sensação, logo se transforma na crença 'eu sou ansiosa'".

A exemplo do que abordei – e que você pode adotar imediatamente – por não julgar certo e errado, bom ou ruim, o mesmíssimo *modus operandi* ocorre também na programação positiva.

Ottimize-se 27:
"Se a pessoa diz sempre 'eu estou equilibrada', a mente entende que está recebendo a programação de gerar equilíbrio e se encarrega de apresentar lembranças ou criar cenários futuros em que a pessoa já foi ou poderá sentir-se equilibrada. O que começa por uma sensação, logo se transforma na crença 'eu sou equilibrada'".

Notou que é a mesma apresentação, o mesmo comando? Assim funciona quando alimentamos a programação mental, já que a mente não julga, só processa. Era exatamente isso o que estava acontecendo naquele momento em que Paula se atormentava na frente do espelho.

Alimentada de forma negativa por sua amiga, a mente de Paula tratou de gerar perguntas assustadoras baseadas na programação que recebera.

E se o entrevistador pensar como a minha amiga, e não gostar de mim porque o azul me desfavorece?

E se eu fosse de preto, será que mostraria mais seriedade?

E se um detalhe tão simples quanto o figurino me impedir de conseguir o trabalho?

Eis que a falta de "envolvimento com a própria existência" faz com que Paula desista da cor azul e vá de preto no processo seletivo, dando ouvidos à expectativa, à preferência ou opinião dos outros.

Qual seria a solução? Muito simples: Paula poderia se convencer que fica bem de azul porque **ela** acredita nisso, e pouco importa o que pensa sua amiga. Ao pensar assim, a mente seria realimentada e se encarregaria de sobrepor a nova informação, ressignificando a anterior que veio da amiga.

Opa, mas se é tão elementar, por que as pessoas não agem assim? Explico:

Ottimize-se 28:
"Quem alimenta a mente com insegurança, adota a informação do outro como mais importante que a sua".

Prof. Marco Antônio Ott | 73

Como já alertei, repito: cuidado com as interpretações que faz de si e ainda mais, quando sente que está cercado de cobranças, querendo agradar os outros, o meio em que vive ou trabalha, o grupo com quem socializa.

Ottimize-se 29:
"O ser humano não pode mudar sua essência, o que muda somente é a maneira como a interpreta".

Percebe que desenvolver-se é um exercício mental antes mesmo de qualquer ação pragmática?

Percebe ainda que as nossas palavras, tal qual as alheias, podem exercer considerável peso na mente, influenciando as decisões que adotamos?

Veja que exemplifiquei a personagem com algo banal, um tom de roupa. A mesma situação acontece no campo das adjetivações que podem comprometer ou retardar o desenvolvimento humano. Se alguém diz "você é péssimo nisso", tome o cuidado de não internalizar essa informação. Ainda que seja sobre nós, a opinião do outro pertence ao outro.

Ottimize-se 30:
"Olhar, observar, interpretar e fazer o que os outros esperam que faça, equivale a emprestar o desenvolvimento da própria vida à vontade alheia".

Na pior das hipóteses e pensando ainda na exemplificação que acabo de entregar, digamos que pontualmente tenha sido péssimo. Se foi este o caso, cabe corrigir a pessoa.

Você disse que eu **sou** péssimo. Isso é uma inverdade. Eu posso ter agido de forma péssima **nesta situação!**

Quem pretende se desenvolver e alcançar resultados expressivos na carreira e na vida em geral, necessita levar em conta a mais importante pergunta, que está pronta.

Como posso ser eu mesmo(a) a partir da minha expectativa atual?

O desenvolvimento se torna viável quando colocamos em prática o que extraímos daquilo que já praticamos nos demais capítulos.

Assim, é expressamente comum testemunhar gente que sequer ousa aplicar o próprio conteúdo nos embates da vida.

Tão logo surge o enfrentamento, a pessoa pode fugir rumo ao confortável terreno em que já existem opiniões ou soluções geradas e gravadas (lembre-se da programação mental).

Por temer o que os outros irão dizer ou pensar, a pessoa pode guardar no coração uma solução que talvez mudaria o mundo. E se é difícil opinar, imagine então, ousar ser bom em algo.

Não demora muito e surge o medo de escutar "você tá se achando". Infelizmente, é uma interpretação comum, porém, catastrófica.

Ottimize-se 31:
"O temor de ser julgado e de julgar-se tem igual peso, sendo que ambos travam o livre pensamento. Desenvolva o exercício diário de não julgar e o temor vai embora da mesma forma que surgiu, espontaneamente".

O temor de ser julgado
e de julgar-se tem igual peso,
sendo que ambos travam
o livre pensamento.
Desenvolva o exercício diário de
não julgar e o temor vai embora
da mesma forma que surgiu,
espontaneamente.

Assim dito, vamos à resposta provocada no capítulo anterior: será que as sombras têm o poder de atrapalhar o propósito pelo qual vivemos?

Com o capítulo do desenvolvimento que você acaba de absorver, há de ter ficado claro que a mente é guardiã dos recursos necessários.

Cada passo depende das crenças acumuladas e de quão permissivos somos em relação aos outros, especialmente quando estes tentam opinar, alimentar e doutrinar nossa mente, nossas escolhas, nossa vida.

Por consequência, as sombras aumentam, ganham poder e força para afetar o que mais amamos fazer, o propósito pelo qual vivemos. Se você tem o sonho de viver e trabalhar com 100% de dedicação ao propósito que move sua vida, saiba que é importante avaliar luz e sombra diante dos mecanismos da mente.

Ottimize-se 32:
"A mente pode jogar toda luz possível em cima das sombras que você carrega, e só depende de duas questões, programação e alimento que recebe diariamente".

Vamos à grande pergunta seguinte.

Como se policiar e ter a certeza de que a mente tem recebido bom alimento?

CAPÍTULO 5

COMO TER E MANTER O MINDSET EM EVOLUÇÃO CONTÍNUA

Quem pretende se ajudar no processo de desenvolvimento, merece saber que as suas qualidades não podem sair do radar, pois se estiverem escondidas, serão utópicas, em vez de praticáveis.

Não foi por acaso que escolhi falar do tema mindset logo depois do *desenvolvimento*. Ambos estão em absoluta consonância.

Não há quem duvide que a mente, por melhor treinada que seja ou esteja, oscila diante da importância de estar sempre voltada ao desenvolvimento contínuo, à evolução ou como se prefira chamar.

Se você estiver ciente dos resultados que deseja, encontrando o real significado do esforço a ser empreendido, posso afirmar que as crenças impeditivas ganham nova roupagem, pois perdem força. A cada passo conquistado em busca da evolução contínua, a mente mudará ou transformará suas ações em feitos necessários para alcançar desejos, sonhos ou quaisquer objetivos, voltando sua atenção para o que de fato importa: o alcance das conquistas em pauta.

Veja o meu caso, por exemplo. Como professor e neurotrainer, tenho ajudado alunos e empresários, para que enxerguem além do assim dito normal, para que ousem opinar, desafiar-se e propor inovações capazes de melhorar a vida deles, a vida da empresa ou a vida de todos (considero este último um conceito contemporâneo de sociedade, onde somos "sócios em uma cidade").

Ocorre que é necessário existir congruência. Se eu os provoco a que façam e ousem, devo fazer o mesmo e ultrapassar a sala de aula ou os salões da educação empresarial, outra razão pela qual me desafiei a escrever o livro que está diante de seus olhos.

Ainda que exposto ao risco da crítica e dos julgamentos, na condição de formador de opinião, devo me desafiar e colocar diante dos olhos do leitor aquilo que penso, ensino e acredito.

Esta é a essência do desenvolvimento da mente, matriz formada por uma linha quase cronológica – autoajuda, conhecimento e desenvolvimento. Foi o que me motivou a impor à minha vida o desafio de aprofundar a carreira autoral, compartilhando o máximo do que venho aprendendo e "professorando".

Exemplo cedido, vamos refletir: como é possível exercitar mindset, sem demonstrar as qualidades que me remetem a acreditar que sou capaz?

Ottimize-se 33:
"Quem pretende se ajudar no processo de desenvolvimento, merece saber que as suas qualidades não podem sair do radar, pois se estiverem escondidas, serão utópicas, em vez de praticáveis".

O cantor humilde que vive um diário processo evolutivo sente frio na barriga toda vez que vai começar um novo show. Um professor que vive o mesmo processo (e falo por experiência própria), sente o mesmo frio ao entrar numa sala de aula, treinamento, mentoria ou palestra.

Podemos classificar este recurso como medo? Não.

Não se trata disso, esse friozinho na barriga traduz o propósito de vida, revela que o sentimos porque estamos demasiadamente preocupados com a pessoa que vai receber a informação e por isso, permanecemos em constante exercício de comunicação assertiva. Porém, o pulo do gato para você refletir, manter a mente expandida (mindset), desenvolver-se e agir, tem por base esse raciocínio:

Conforme a pessoa se prepara e cresce, vai sendo naturalmente envolvida por uma tentadora certeza de que sabe mais, que é a melhor da área, que isso e aquilo. E sabe como descobrir ou diagnosticar se isso acontece com você? Veja como é simples.

Quem chega ao trabalho e não sente o frio na barriga, talvez não perceba que tem feito tudo de maneira mecânica, cumprindo tabela, "rotineirando" o que deveria ser um propósito, uma missão.

Tenha certeza de que agindo assim, qualquer formato de mindset é freado e não há mente que consiga manter-se em desenvolvimento.

Vejamos o exemplo de Maria, que atua como vendedora na mesma empresa há 15 anos. Logo que foi contratada, mostrou a que veio e liderou o ranking de vendas por quase três anos, alternando o pódio com Luana, outra excelente vendedora que também se destacava dentre os primeiros.

Após o terceiro ano da entrada de Maria, a ponta de vendas foi assumida por Luana e cada vez mais, Maria foi caindo. Dez anos depois, Maria alternava sua posição entre a 7ª e a 8ª no ranking. Como tudo nesta vida, existe um detalhe de nossa personagem, que deve ser mencionado.

Ottimize-se 34:
"Por trás de cada número obtido sob a forma de meta, existe uma explicação emocional e comportamental. Sejam números bons ou ruins, oferecem através da razão como tem andado a emoção, ou seja, se a mente está em desenvolvimento e quão assertivos têm sido os comportamentos".

Ocorre que Maria abandonou o sonho de ser comissária de bordo e foi deixando o tempo passar, estudando o mínimo, inventando desculpas ao máximo, sempre dizendo aos outros que um dia viveria o sonho.

Luana, por sua vez, estava exatamente onde queria estar, fazia o que gostava de fazer. Quem age assim, não trabalha apenas para sobreviver, pelo contrário, sente imenso prazer de estar ali, razão pela qual dá o máximo de si, se destaca, arrebenta.

Para Maria, domingo à noite era o prenúncio de outra semana torturante que se iniciaria ao amargo sabor de algumas poucas horas.

Enquanto isso, no domingo à noite Luana estava de mindset expandido, se dedicando a manter-se em desenvolvimento, traçando o planejamento mental e prático de como seria a sua semana de vendas: com quem falaria, os processos a priorizar, os clientes a quem dedicaria o pós-vendas, os telefonemas de reativação e a negociação das cotações em andamento.

Luana nunca disse a ninguém que desejava deixar a empresa. Pelo contrário, almejava o cargo de diretora de vendas, enquanto Maria, embora não desse sequer um passo prático neste caminho, espalhava aos quatro ventos que não via a hora de realizar o seu sonho, se tornar comissária e, nas palavras dela, deixar "aquele inferno".

Considerando a situação de ambas, outros cinco anos se passaram. Adivinhe qual foi o destino das vendedoras?

Luana assumiu o *podium* de vencedora e tempos depois, foi alçada ao cargo de diretora de vendas, realizando seu sonho e comandando um time de gestão de vendas, sendo um deles o gerente de Maria.

Onde está o ponto que mudou a trajetória de ambas?

No mindset de cada uma, que nada mais é do que a forma de pensar.

Maria tinha um sonho, não fez nada específico para alcançá-lo porque tem e mantém o "mindset de paralisação". Decerto, você conhece alguém que passa a vida alegando ter um sonho que jamais saiu do papel.

Luana combinou o pragmatismo com o desejo, transformando em realidade o sonho de ser diretora, focando nos esforços para encontrar resultados constantes e crescentes. Podemos afirmar que ela possui "mindset de desenvolvimento".

Vou apresentar um comparativo, para que você entenda melhor o que separa uma linha de pensamento da outra.

MINDSET DE PARALISAÇÃO	MINDSET DE DESENVOLVIMENTO
Maria acredita que a sua inteligência e habilidades são suficientes	Luana acredita no desenvolvimento da sua inteligência e habilidades
Maria tem dificuldade para ver as próprias limitações	Luana busca aprender a cada dia para superar seus *gaps* e limites
Maria evita desafios por medo, para não mostrar fraquezas ou para evitar o estresse de ter que estudar mais	Luana abraça e encara desafios, aprendendo com os erros e preenchendo seus *gaps*
Maria não acredita que o esforço gera mudanças	Luana vê no esforço o único caminho para ser melhor
Maria foca em problemas e pretextos	Luana investe em solucionar

É muito importante entender que não existe um jeito correto ou errado de pensar. Em outras palavras, não existe mindset certo ou errado. Em vez disso, mindset expandido ou limitado.

Cada indivíduo tem uma forma de guiar os próprios pensamentos. O mais produtivo é entender de uma vez por todas o que faz a diferença:

Ottimize-se 35:
"A forma com que você vê, pensa e sente, tem o poder de transformar sua existência, para que encontre resultados melhores".

O contrário também pode acontecer? Não restam dúvidas. O exemplo da recente personagem apresentada evidencia que devemos estar atentos ao alimento que damos à mente, aos pensamentos que avaliamos e validamos, às crenças que firmamos como verdades absolutas.

Pudemos conferir, por meio das personagens, que a oportunidade de desenvolvimento surge a todos, mas cada pessoa tem o "seu mindset" para fazer a leitura daquilo que a vida apresenta, daquilo que ela almeja. Afinal de contas, no meio dos dois cenários, entre as circunstâncias e o almejado, está a ação, o dia de hoje.

Ottimize-se 36:
"Enquanto alguns lamentam a má-sorte, outros não têm tempo para acaso, sorte ou azar porque estão ocupando a mente com o que transforma, desenvolve e produz".

E, como não quero deixar nada desconectado, chegou aquele momento de responder à pergunta grande, gerada lá atrás. Desta vez, a resposta será mais elástica porque o tema assim solicita. Prepare-se, pois vêm por aí perguntas que, espero, cumpram o positivo papel de sacudir a sua mente em busca de respostas evolutivas. Vamos começar relembrando a pergunta.

Como se policiar e ter a certeza de que a mente tem recebido bom alimento?

Nos estudos da PNL – programação neurolinguística, filtramos todas as informações usando como base as experiências anteriores.

Nossos "filtros" representam a maneira como percebemos o mundo (nossa realidade), guiando nossas representações internas (memórias sensoriais) e, por consequência, influenciando os comportamentos, reforçando, muitas vezes, que a nossa percepção está "correta".

Revendo nossos exemplos personificados, se os filtros de Luana não têm gerado os resultados que deseja, Luana deve saber que é a única pessoa capaz de mudá-los.

Filtros são deleções (omissão), distorções (interpretações) e generalizações (transforma-se tudo na mesma coisa que a mente tem se condicionado a fazer).

O que você deleta, distorce e generaliza depende das crenças, da linguagem, dos valores, memórias, decisões e outros diversos fatores.

Como você se lembra do almoço de ontem? Consegue ver uma imagem, ou sentir cheiros e sabores? Consegue ouvir sons? Esse evento, ao ser recordado envolve figuras, sons, sensações, sabores, preferências, palavras e até cheiros registrados na mente, que geram a percepção do seu "mundo externo" criando os seus filtros, isto é, aquilo que você deletou por não achar relevante ou por preferir evitar, distorcer e generalizar.

Na mente, os filtros usam o que você acredita, valoriza e fala, expressados através da linguagem verbal e não verbal.

Apenas acreditar que é uma pessoa em franco desenvolvimento não quer dizer que seja. É preciso **sentir** que acredita, razão pela qual faz-se importante aprofundar o conhecimento de si, que vimos no capítulo do autoconhecimento.

Vejamos um teste rápido de interpretação da personalidade e dos filtros que você usa durante o cotidiano. Digamos que a pessoa faça uma pergunta dupla.

Quem é você e o que você faz?

Pense na resposta que daria.

Veio à mente quem "você é" ou o que "você tem"?

Reflita...

Se o seu conteúdo gerado na mente remeteu a lembrar sua formação, cargo, lugar onde trabalha, ou o número de coisas que já fez associadas ao que conquistou, na tentativa de, assim, mostrar o que tem para comprovar quem você é, volto a perguntar:

Tirando essas conquistas, quem é você?

E agora, ficou mais difícil?

Achou a pergunta sem sentido?

Talvez uma nova pergunta aflore em sua mente...

Como assim quem sou eu?

O mundo que você enxerga,
sente e escuta representa
o cenário em que se passa
o filme de quem você é.

Vamos entender que ter o mindset em favor do desenvolvimento passa por entender quem você "é", independentemente do que conquistou ou das coisas que possui.

Você já refletiu a respeito do autoconhecimento e está pronto(a) para encontrar a resposta que **necessita** (lembra das necessidades?).

A partir de agora, vamos refletir sobre a personalidade, também decisiva em nossa existência, em nossos resultados.

Ottimize-se 37:
"O mundo que você enxerga, sente e escuta representa o cenário em que se passa o filme de quem você é".

Antes de direcionarmos o foco ao *brainstorming* da personalidade e dos comportamentos, deixo a pergunta a ser respondida no próximo capítulo, seguindo a nossa estratégia de expandir cada vez mais a mente. E a pergunta que vou entregar visa reforçar essa questão da identidade, que é importantíssima.

Quem você é, de verdade, incomoda alguém?

CAPÍTULO 6

O PAPEL DA PERSONALIDADE DIANTE DAS REALIZAÇÕES

Somos o fruto prático,
único e direto daquilo
que pensamos.

Profissional que sou, evidentemente opto por não rotular que a sua personalidade seja assim ou assado, que aponte para essa ou aquela área.

Existem testes, questionários de várias ciências que podem ajudar a quem sabe, compreender alguns "porquês" de certas atitudes que adota. O que eu quero é que ocorra uma reflexão profunda e autodidata a partir da seguinte citação:

Você não é dono(a) da própria personalidade.

E agora, como fica isso para você?

Você, em sua existência, foi absorvendo todas as informações com que teve e ainda tem contato, através de sua memória RAM (registro automático da memória), que armazena 100% das informações experimentadas durante sua vida. Ora, se a memória RAM reúne todo o registro automaticamente, isso quer dizer que você não tem controle sobre o que é armazenado em sua memória. Concorda?

Traduzindo, se não existe um controle seletivo, tudo entra na mente, certo?

Ottimize-se 38:
"Somos o fruto prático, único e direto daquilo que pensamos".

Ainda mais impactante que ver em nós a expressão prática do exercício de pensar, é saber como chegamos a isso:

Ottimize-se 39:
"Nosso modelo de pensamento foi edificado sob total influência dos ambientes e das pessoas do convívio".

Assim se forma nossa personalidade e se pensarmos numa fórmula matemática, é assim:

Ambientes que vivenciamos (nas esferas pessoal, profissional e social) + pessoas com quem convivemos (suas culturas e crenças) + o tempo (gestor máximo da vida) = personalidade.

A etimologia da palavra personalidade vem de *persona*, associada ao verbo *personare*, observando os componentes *per-*, interpretado como "através de" e *sonare*, que se refere à palavra sonar, entendida como vozes e sons.

Somos, portanto, um radar humano e ambulante, que em boa parte evolui (ou paralisa) através do envolvimento ocorrido em todas as fases e áreas da vida.

Vamos a um exemplo. Renata foi criada num ambiente tóxico e Julia, num ambiente agregador e leve. Enquanto Renata escutou brigas entre os pais a vida inteira, Julia foi cada vez mais incentivada a conhecer coisas novas.

Note que o exemplo reporta diferentes padrões sociais que irão gerar características marcantes. Historicamente, quem se destacou mais no estudo da personalidade foi Freud, que diz que o comportamento é resultado de três sistemas; o Id como componente biológico, o Ego como o psicológico e o Superego como o social da personalidade. Todos, segundo o pai da psicanálise, trabalhando sob a liderança do Ego.

Não quero me aprofundar na teoria até porque não é tema central do trabalho literário que entrego, mas dá para exemplificar bem o caso de Renata, educada num ambiente com mais negatividade, brigas, desafios e toxicidade. É provável que sua personalidade seja de competitividade, para fazer as coisas pelo lado mais difícil, com episódios clássicos de insubordinação, falta de educação, dificuldade para se relacionar.

Para Júlia, que cresceu num ambiente de oportunidades, sua personalidade provavelmente será mais serena e educada. Talvez, respeite limites, hierarquia e, quem sabe, busque maior crescimento na vida, levando consigo outras pessoas.

Agora, pense na própria vida e façamos um breve exercício. Reflita sobre o seu passado. Respire profunda e demoradamente por alguns minutos, feche seus olhos. Dê o comando para que a sua mente busque memórias da infância, depois da fase adolescente, e vá até chegar na fase em que você se encontra?

Busque memórias de atitudes repetitivas, ou quem sabe, histórias que se repetem em diferentes fases da vida, observando possíveis padrões.

Identificando um sistemático padrão em algo, você pode aprofundar ainda mais, buscando memórias que apontem onde ou quando tais aprendizados surgiram e que fizeram você agir de tal forma.

É nos momentos de forte
impacto emocional que o
ser humano aprende
a armazenar elementos
e traços que definirão
sua personalidade.

Avaliando com acuidade, consegue imaginar e entender que a sua história construiu a sua personalidade?

Se gostou do exercício, mas considera difícil fazer no modelo auto aplicado, busque profissionais que atuam na área da Psicologia, dê essa demanda ao profissional, diga que você quer saber dos padrões de comportamento que se repetem em sua linha da vida.

Mas, afinal, por que tomar conhecimento dos padrões?

Quando um comportamento se repete é porque foi associado a um fato marcante em algum momento da vida, gerando uma programação na memória de longo prazo. Isso ocorre em momentos vivenciados sob forte emoção, tanto os positivos, quanto os negativos.

Ottimize-se 40:
"É nos momentos de forte impacto emocional que o ser humano aprende a armazenar elementos e traços que definirão sua personalidade".

Vejamos um exemplo prático que aconteceu comigo enquanto fazia um exercício observacional.

Sempre que posso, participo de eventos com profissionais de diversas áreas, faz parte do papel de professor e neurotrainer se atualizar o máximo possível. Um destes eventos, digital, ministrado pelas redes sociais, trazia uma surpreendente apresentação, com imagens de treinamentos aplicados a um grande público, num palco cheio de iluminação, com efeitos especiais, som e mensagens impactantes. Tudo isso para deixar claro que o cidadão era "o melhor dos melhores".

Acho incrível o que um simples vídeo publicitário pode fazer. Dando importância à minha curiosidade, fui "ver" o tal palestrante em ação e ao vivo. Como o profissional queria ser reconhecido, foi se apresentando ao longo da palestra, disse que participou de um curso de inteligência emocional que mudou tudo em sua vida, resolveu demonstrar o que viveu para as pessoas que têm problemas na vida. Foi revelando ainda eventos que participou na audiência, em que assistiu o trabalho de profissionais de grande visibilidade, renome e referência, como se a simples presença dele no auditório o qualificasse a se comparar com os referenciados.

Incluiu no vocabulário alguns termos difíceis, dizendo que só quem lê e estuda sabe usar tais palavras, mostrou possuir alguns bens de grande valor, apresentou fotos do que supostamente conquistou e assim por diante. E quem é **ele**, afinal?

Alguém que fez certos cursos, resolveu imitar profissionais renomados e, para garantir credibilidade, precisou recorrer à alegação de que esteve com essa ou aquela pessoa, além de mostrar as certificações dos cursos e o que teria comprado, fazendo o que faz.

Ele fez isso imaginando que somos reconhecidos através da percepção dos bens materiais que possuímos, ou do volume de dinheiro que demonstramos **ter**.

Ora, a minha interpretação sobre ganhar dinheiro e ter bens materiais é a mais positiva possível. A pauta do meu exemplo trata

98 | Ottimizando estratégias para a vida e carreira

exclusivamente do vínculo de "eu tenho" para provar quem "eu sou", como se ambas tivessem relação.

Em geral, isso tudo representa quem a pessoa é, certo?

Desculpe, errado.

Representa apenas o que ela diz que tem, de maneira que a pessoa acredita ser necessário ter.

Quem a pessoa **é** supera muito aquilo que ela **tem**.

O indivíduo pode sair todas as noites e postar em uma rede social que fica rodeado de pessoas interessantes, porém isso não quer dizer que as amizades sejam reais, tampouco que ali se discute assunto de relevância. Do mesmo modo, pode ter um bom patrimônio não necessariamente derivado de seu esforço, mas objeto de uma herança, por exemplo.

Reflita, olhe e escute o que e quem está ao seu redor, revisitando a pergunta:

Você pode ser você mesmo(a)?

Perceba que agora você tem mais elementos para responder, além de recursos para fazer uma pergunta ainda mais poderosa.

Será que você pode se considerar uma pessoa amada e admirada por ser quem é?

O julgamento é que prende as pessoas. Muitos clientes que atendo surgem confusos, desconhecedores da própria identidade. Mostram-se detentores de todas as certezas do que devem ter, mas uma breve entrevista costuma revelar incertezas sobre o que querem, gostariam ou conseguem ser. Em vários casos, encontro gestores e executivos bem-sucedidos que lideram muitas pessoas, mas não vasculham o autoconhecimento ou desconhecem a própria personalidade.

Note que a personalidade passeia por todos os territórios citados no capítulo, por conta daquela fórmula que apresentei e acredite: qualquer realização que você ambiciona será mais facilmente obtida se puder conhecer a sua personalidade.

Assim, fechado o *brainstorming* da personalidade, estamos prontos para a migração até o próximo. Antes, porém, vamos à resposta levantada no anterior.

Quem você é, de verdade, incomoda alguém?

Vasculhando as profundezas do autoconhecimento e, agora, entendendo um pouco mais de sua personalidade, talvez você descubra nas respostas que se deu um possível incômodo a alguém de suas relações, pois assim é o protagonismo de se conhecer, nem sempre agrada.

Cabe a você o desafio de assumir a vida que deseja ter, e convencer os que estão próximos de que a mais assertiva escolha para a sua vida só cabe a uma pessoa, você.

Se o fato de ser quem você é tem incomodado, embora eu não goste de funk, tem uma lição desse gênero musical que faz todo sentido: beijinho no ombro e segue a vida.

100 | Ottimizando estratégias para a vida e carreira

CAPÍTULO 7

COMUNICAÇÃO, A CHAVE-MESTRA DA EVOLUÇÃO HUMANA

A comunicação é o recurso mais poderoso dentre os seres vivos. No caso do ser humano, além dos sentidos de ver, ouvir e falar, há o privilégio de pensar com alto grau de inteligência e discernimento. Por que, então, muitos não se entendem?

Ottimize-se 41:
"A comunicação é o recurso mais poderoso
dentre os seres vivos. No caso do ser humano,
além dos sentidos de ver, ouvir e falar, há o privilégio
de pensar com alto grau de inteligência e discernimento.
Por que, então, muitos não se entendem?"

Muito bem. Como prometi na apresentação, eis outro capítulo-coringa. Sendo eu professor e neurotrainer, de forma natural defendo a matéria como "chave-mestra". Você já aprendeu os temas que orbitam a comunicação e a partir daqui, vamos mergulhar nela como se buscássemos um tesouro no fundo do mar. Assim, o capítulo será mais elástico que os demais e subdividido por células, todas elas ramificações da comunicação como tema central. Acredito que ao término, você entenderá que há sentido na escolha da divisão que fiz ao organizar o conteúdo dos capítulos, em busca do seu máximo aproveitamento, pois chegou a hora de entender como você vai colocar em prática, imediatamente, tudo o que aprendeu até aqui e o que seguirá a aprender, usando para isso o que o ser humano tem em seu DNA como o mais potente elemento, a arte de se comunicar.

7.1.1 - CÉLULA 1 - O ALIMENTO DA MENTE

Vamos iniciar fazendo o que a essa altura já nos acostumamos, aprender por meio de exemplos.

Certa vez, conheci uma mulher, profissional consagrada, formada, com mestrado e pós-graduação em sua área, mas que trabalhava infeliz todos os dias.

Chegou à minha mentoria dizendo que não estava na profissão certa, que fazia o que os pais sonharam que a filha fizesse, e tampouco se encontrava na situação financeira que desejava.

Eu perguntei:

— O que faz você feliz?

Veio a resposta.

— Ter dinheiro para provar que tenho sucesso fazendo o que gosto.

— E o que você gosta?

— Gosto de viver, viajar, conhecer lugares e comprar o que quero.

— É mesmo? – Voltei a questionar.

— Você vive para trabalhar ou trabalha para viver?

Ela pensou um bocado e finalmente respondeu.

— Agora acho que fiquei meio sem resposta!

Voltei a provocá-la.

— Como imagina que poderá pagar por tantas viagens e comprar o que você quer, se o que faz é o que não gosta e se não gosta do que faz?

A resposta da moça foi outro lapso de argumento.

— Fiquei, novamente sem resposta!

Talvez ela não tenha percebido, até aquele dia, que a comunicação íntima, isto é, o alimento que usava para nutrir a mente a partir do autoconhecimento, vinha falhando.

Ottimize-se 42:
"Tal qual o movimento contínuo é o melhor alimento dos músculos e do corpo em geral, a comunicação é o mais saudável alimento da mente".

Em outro exemplo que deixa evidente como a falta empatia atrapalha até mesmo a gestão empresarial, lembro-me de um momento em que o dono de uma empresa do ramo de medicamentos, com grandes negócios e clientes, pediu para que eu treinasse sua equipe, para que a turma focasse apenas nos números, afirmando que este, e frisando **apenas este**, era o resultado que o interessava.

Escutei com calma e paciência, sem me manifestar, até que terminasse. Durante sua fala, no organizado e bem-decorado escritório, mostrou tudo o que havia conquistado na vida. Fotos da fazenda, avião particular, viagens exploradoras de caça e pesca, o tamanho da empresa, alegou que o Brasil já estava pequeno para a operação e que a América Latina seria o próximo passo. Veja só como são as coisas...

Percebi que o empresário tinha uma necessidade irresistível de mostrar suas conquistas. Em dado momento, incomodado porque ele não citou seu time em nenhum momento (teoricamente eu seria contratado para dar um gás nesta equipe, que sequer foi citada por ele como contribuidora dos resultados). Assim, resolvi perguntar quanto daquilo era resultante somente do que "ele fez" sem a ajuda dos outros.

Prof. Marco Antônio Ott | 105

O silêncio se manteve por vários segundos, em que simplesmente olhávamos um para o outro. Eu, aguardando uma resposta plausível. Ele, posso presumir, se perguntando que raio de pergunta era aquela.

Quando finalmente falou, a voz saiu meio hesitante, meio engasgada, e disse:

É, sim, não. Quero dizer, por isso o senhor está aqui. Estamos precisando de números mais agressivos e o time está desmotivado.

Deixei a sala dele agradecendo por ter sido recebido. Não me interessou atender a demanda. Saí de lá sem saber quem era aquela pessoa porque ele se esforçou tanto para falar das conquistas, que não disse uma palavra sobre si.

Ficou claro que o empresário tinha condições de pagar o preço que eu fosse cobrar pelos honorários, mas ficou igualmente evidenciado que não dava a menor importância a quem o ajudava a obter êxito. Na cabeça dele, o recurso humano se resumia a uma boa comissão financeira para a equipe, não importando se as pessoas trabalhavam felizes ou doentes em sua empresa.

Mas professor, o senhor o julgou? – perguntou um aluno, certa vez, quando dei esse exemplo numa aula.

Ainda me lembro do que respondi.

Precisamos entender o que revela a história da evolução humana. Além de sermos tribais, nossos relacionamentos são linguísticos, ou seja, só vale o que é dito. Resumo tudo isso com uma palavra, comunicação. Os valores daquele gestor eram diferentes dos meus e a maneira como ele vê o capital humano também não confere com a minha. Somos uma espécie que precisa uns dos outros e para isso ocorrer, numa mútua cadeia de desenvolvimento mundial, é preciso se comunicar, reconhecer que o êxito conquistado tem a participação de pessoas fundamentais, pois ninguém vence sozinho. Por último, quanto a julgar, nós fazemos isso a todo instante.

O aluno se disse satisfeito com a resposta e para toda a sala, complementei o que divido agora com você.

A religião ensinou que julgar é pecado, porém da hora que acordamos ao momento em que nos deitamos, diversas situações e pessoas demandam a necessidade (olha ela aí outra vez) de julgar o que é certo e errado, ético ou imoral, bom ou ruim e assim por diante. Alimentar a crença de que não podemos julgar é como assinar um atestado de que não vamos mais nos comunicar.

Por outro lado, é possível julgar o comportamento sem julgar a pessoa. No caso do empresário exemplificado, acredito que ele **estava agindo** assim e não que ele **seja assim**. Há uma grande diferença entre se deslumbrar por algo que está acontecendo hoje e ser uma pessoa deslumbrada. Torço para que o gestor em questão consiga enxergar tal distinção e valorizar seu capital humano.

Ainda seguindo na linha do alimento que oferecemos à mente, há duas possibilidades. Podemos oferecer informação ou infoxicação. Você há de se recordar da lição sobre distorções e se não é o caso, relembro: filtros são deleções, distorções e generalizações. Ora, a informação é o alimento nutrido pela realidade e a infoxicação é o que a mente recebe a partir das interpretações. Vejamos um exemplo pessoal.

Prof. Marco Antônio Ott | 107

No leito em que a pessoa enferma recebe cuidados, às vezes o quadro se intensifica e uma iminente despedida se anuncia. Não estou teorizando. Falo disso com pleno conhecimento de causa, pois vivenciei o luto de um irmão que partiu em 2021. No caso dele, dado o sofrimento que enfrentou, a morte praticamente o libertou do doloroso cárcere que representa a enfermidade gradativa, aquela que faz o paciente sucumbir um dia de cada vez, com o quadro se tornando cada vez mais agravado.

Dentre os membros da família, inclusive eu, havia um consenso no sentido de que o nosso irmão partia deixando um legado. Isso ajudou a lidar com o processo. Mas, sabe o que foi determinante para mim?

Os filtros, isto é, o alimento que dei para a mente foi o fator que me ajudou a vê-lo partir sem aquele clássico sentimento de culpa que faz as pessoas se perguntarem:

O que será que eu poderia ter feito diferente?

Partindo do pressuposto de que um dia você terá que se despedir de alguém, parece razoável investigar e encontrar ferramentas de desenvolvimento pessoal, para enxergar a existência do outro com amor e empatia, em vez de culpa ou remorso?

A esta altura, tendo passado por tantos temas, como professor ficarei feliz se tiver provocado você a não acatar padrões e crenças de outros que tentem dizer quem você é ou deve ser, e muito menos que suas "conquistas" ou a não-obtenção delas digam quem você é.

7.1.2 - CÉLULA 2 - A COMUNICAÇÃO EM FAVOR DA EVOLUÇÃO

Cedo ou tarde, todos descobriremos algo evolutivo, que começa pelo conceito, pela filosofia de entender algo óbvio, porém fundamental.

Ottimize-se 43:
"Querer evoluir faz toda diferença, pois sem esse querer, 'evolução' é só uma palavra de aparência sofisticada".

Permita-me contar uma pequena metáfora sobre a arte da comunicação mesmo em territórios mais rústicos, para que você possa medir como a comunicação é uma ferramenta evolutiva.

Conta-se que num antigo povoado habitado por vários pastores de ovelhas, vivia um rapaz cuja única função era aprender a lidar com a rústica ovinocultura daquela região. Ocorre que nem sempre esse segmento era promissor e muitas vezes, os aldeões enfrentavam grandes provações, como doenças no rebanho, queda repentina no preço e consequente escassez, muitas vezes levando o povo a ter dificuldade até mesmo para se manter.

Os sonhos do rapaz estavam além da aldeia. Queria mesmo conhecer o mundo, estudar para ser biólogo, viajar por aí, pesquisando flora e fauna em lugares distantes. Dinheiro para isso não seria problema, pois um biólogo famoso visitara a aldeia e ficara tão encantado com o conhecimento do rapaz, que se propôs a pagar por seus estudos na faculdade de Biologia. Mas os costumes daquela terra estavam além da simples autori-

zação de pai e mãe. Para que o rapaz pudesse estudar fora do povoado e realizar o seu sonho, seria necessário que ele comunicasse o seu sonho aos líderes da aldeia e os convencesse de que merecia ser autorizado.

O rapaz se dirige aos líderes que conhece desde a infância. Relata para os sábios como e quanto bela foi sua vida no povoado, reconhece e agradece por todos os ensinamentos recebidos ao longo da sua vida. Diz ainda que, neste momento, um biólogo famoso oferece a ele oportunidade única para ampliar conhecimentos, explica sobre a oferta recebida, alega que poderá estudar sob o patrocínio do famoso benfeitor, argumenta que os seus pais jamais teriam dinheiro para o custeio. Finaliza dizendo o quanto isso gerou a ele um genuíno desejo pela curiosidade do que estava por vir com seus estudos e descobertas. Assim, para honrar a história do povoado e da sua família, pede humildemente permissão para seguir em frente, tornando-se referência em biologia, para depois retribuir e ensinar ao povoado uma parte, ou até mesmo tudo o que aprendeu.

Diz-se que os anciões do povoado, que não gostavam da ideia de ver os seus jovens longe do alcance dos olhos vivendo em terras distantes, abriram uma exceção e diante de tão nobre pedido, concordaram. A lenda conta que o rapaz retornou biólogo e tempos depois, o povoado não dependia apenas da criação de ovinos.

Como mostra a metáfora, a comunicação no sentido de pleitear é crucial porque o sim ou o não depende do que é dito. Se o rapaz tivesse engrossado e dissesse "eu já até imagino que a resposta será negativa, mas vocês não têm o direito de cercear o meu acesso à cultura, nem podem me manter cativo nesse fim de mundo", a resposta seria outra, decerto.

Ottimize-se 44:
"Em qualquer área, especialmente nos negócios, quando precisa contar com a aprovação de algo, o produto ou serviço são apenas objetos de um silencioso pedido. No fundo, o que é aprovado ou negado tende a se basear no que foi comunicado pelo solicitante".

A mesma situação se encaixa em qualquer situação. Seja a) entrevista de emprego; b) pedido de namoro ou casamento; c) simples pleito condominial; d) orientação para o filho, ao menos num primeiro momento um pedido de evolução está em pauta. Confira:

a) todo candidato a uma vaga está ali para evoluir;

b) quem pede para namorar ou se casar espera evoluir a um novo patamar;

c) um pedido para melhorar a área comum do prédio, por exemplo, visa evoluir as condições de moradia;

d) pai ou mãe que orienta o filho sobre determinado assunto tem o desejo de que ele evolua naquela matéria.

Fica provado, portanto, que toda evolução, em alguma instância, passa por um pedido que, por sua vez, depende de como foi comunicado. Logo, a comunicação é parte indissociável de qualquer mínima evolução.

7.1.3 - CÉLULA 3 - A COMUNICAÇÃO E O DINHEIRO

Estamos conferindo que a comunicação apresenta vários recursos e formatos, com um processo que se dá por palavras, gestos, sons, imagens, escrita, ruídos, *feedback*, desenhos, vídeos e por aí vai.

Perceba que a ferramenta é uma só, mas a percepção a respeito dela depende de interpretação e aplicação prática, tal qual aquilo que expliquei no trecho dos filtros, da lente que nos faz compreender as coisas do jeito que chegam até nós.

Vejamos o tema dinheiro, a exemplificar.

Ottimize-se 45:
"Uns dizem que tudo começa pelo dinheiro. Outros, que é o meio para se obter conquistas. Um terceiro grupo alega que o dinheiro é o fim para o que se deseja obter. Sob o ponto de vista da comunicação, de alguma forma todos esses têm razão".

Crenças separam a compreensão de cada um e, por conseguinte, a maneira como as pessoas se comunicarão a respeito do recurso. Por exemplo, se a pessoa passou toda a infância escutando que dinheiro é sujo, uma vez adulta ela acreditará que o dinheiro é sujo (crença) e sempre que o tema entrar em sua vida, ela o perceberá (filtros recebidos) como a sujeira que precisa ser eliminada.

Ottimize-se 46:
"Qualquer semelhança com a pessoa que vê o dinheiro entrar e sair sem jamais permanecer em sua vida, sistematicamente, todos os meses, não é mera coincidência".

Vemos também muitos relacionamentos acabarem por causa de dinheiro, certo?

A falta e o excesso de dinheiro já motivaram incontáveis separações ao longo da história da humanidade, certo?

Nem tanto.

O que ocorre é a comunicação relacionada ao causador do atrito e do desconforto. O dinheiro, em si, é uma moeda de valor desprovida de sentimento. Logo, quem faz ou o torna um problema são as pessoas, por meio da forma com que comunicam o que ouvem, veem e sentem sobre o recurso.

7.1.4 - CÉLULA 4 - A COMUNICAÇÃO E OS CONFLITOS

Leia em voz alta a seguinte citação:

"Todos os conflitos da minha vida que já ocorreram, que ocorrem e que ainda vão ocorrer podem ter uma razão central: má-comunicação diante de uma divergência".

Como é ouvir em voz alta o que você disse?

Prof. Marco Antônio Ott | 113

Ottimize-se 47:
"Assumir que temos responsabilidade parcial ou total quanto aos conflitos que enfrentamos é uma forma de assumir que somos falíveis. Além disso, é o típico entendimento libertador, que nos faz evoluir e evitar o surgimento de futuros conflitos".

Quando a divergência se soma à má-comunicação, o resultado não poderia ser diferente, surgem conflitos.

Presenciei um diálogo entre uma vendedora e minha esposa que, saindo de um provador, perguntou à vendedora, mostrando uma blusa que estava em suas mãos:

— Você tem essa blusa de outra cor?

A vendedora devolveu com outra pergunta.

— Qual é a cor que você quer?

— Quero azul.

— Azul não tem, respondeu a vendedora.

A esposa insistiu.

— Qual é a cor que você tem?

A vendedora novamente respondeu perguntando.

— Qual é a cor que você quer?

Percebeu a divergência somada à má-comunicação?

Qual foi o resultado?

Minha esposa foi embora chateada, decidindo não mais voltar àquela loja (conflito).

Por que a vendedora não atendeu a necessidade de sua cliente, respondendo de forma que a cliente levasse alguma peça de roupa? Por que se recusou a dizer quais opções de cor a cliente tinha?

A personalidade da vendedora, tema que estudamos há alguns capítulos, pode explicar o conflito. Afinal, personalidade e comunicação são como braço e mão, sempre juntas. Vejamos possíveis hipóteses que explicariam tal comportamento.

- **Não gostar do que faz** – observando outras pessoas do convívio, talvez a vendedora tenha aprendido que o trabalho é um fardo, uma obrigação, que trabalhar cansa e serve apenas para comprar comida e pagar as contas, crença que torna impossível amar o que faz;

- **Problemas pessoais** – problema vem do grego *próblema*, que deriva de *probállein*, "atirar para a frente", conceito segundo o qual, ao atirar alguma coisa à frente em vez de lidar com ela agora, haverá de atrapalhar a vida mais adiante. No caso da vendedora, é como se tivesse dito: "defina o que quer comprar de uma vez por todas, pois já tenho problemas demais em minha vida e não preciso que você piore as coisas".

- **Contratransferência de papéis** – imaginando na cliente alguém que ela, a vendedora, conhecia e não aprovava, ou tinha algum problema com aquela pessoa. Por exemplo, a cliente lembrava uma prima que, de acordo com o julgamento dessa vendedora, nunca fazia a pergunta certa;

- **Sarcasmo** – zombar de quem tem dúvida é típico de quem não está de bem com a vida, não raro usando uma linguagem agressiva fantasiada de deboche. A vendedora utilizou o sarcasmo para ser hostil em seu diálogo, o que não resolve nada e nem chega a resultado algum;

- **Intolerância** – ou ausência de tolerância, é o mesmo que falta de compreensão ou aceitação. Imagine a vendedora que estava sozinha na loja, em um sentimento de abandono total, ter que compreender que uma cliente questiona e toma seu tempo. Para não aceitar tal situação, ela demonstra sua rebeldia impedindo que o negócio prospere e, claro, sem a compreensão de que o sucesso nas vendas a manteria no emprego;

- **Impaciência** – é a incapacidade de suportar e esperar alguém ou algo. Por tendência, a impaciência reúne todos os comportamentos citados há pouco e se foi esse o caso, a vendedora não suporta ninguém, nem a si.

Assim por diante, o fato é que existem pessoas que estão interagindo por alguma causa no lugar e na hora errados. Acontecem sim situações em que "o santo não bate", como diz o ditado popular. Agora, vale lembrar que todos decidimos assumir nossos papéis diante dos inúmeros momentos da vida, por escolha própria.

Se eu decido assumir o papel de quem vende roupas, necessariamente a responsabilidade da boa comunicação para o incremento das vendas é totalmente minha, de modo que terei resultados melhores se der o melhor de mim na comunicação de vendedor, do que teria se ficasse esperando a melhor compreensão do cliente.

A divergência é comum entre nós, seres humanos. Diante dela, temos a chance de associar às mensagens que transmitimos uma boa comunicação, que gera desenvolvimento mútuo entre quem comunica e quem é comunicado, além de abrir diversas janelas de oportunidade.

Porém, quando se associa a divergência a uma comunicação pouco assertiva, o mais provável resultado é o conflito, o que explica porque as empresas de todos os portes se queixam da desarmonia entre os funcionários.

Nenhuma pessoa física ou organização está isenta de problemas na comunicação. Entre os casais, nunca houve tão pouca comunicação. São relações construídas sobre a metáfora "tijolos de vidro", ou pela rasa filosofia "se não der certo, a gente se separa e pronto".

Quer tirar a prova? Algum dia, em algum lugar, seja numa praça ou em um restaurante, observe os casais que ali estão e conte nos dedos quantos deles estão conversando de verdade, olhando nos olhos um do outro. Em outra análise, verifique quantos deles estão usando o seu aparelho móvel ou observando e fazendo outras coisas, como se a pessoa amada não estivesse ali.

Você vai se admirar ao ver um fato.

Ottimize-se 48:
"As pessoas se reúnem muito, interagem pouco e, muitas vezes, por vários segundos ou até minutos se esquecem que o outro está ali".

As pessoas se reúnem muito,
interagem pouco
e, muitas vezes, por vários
segundos ou até minutos
se esquecem que
o outro está ali.

7.1.5 - CÉLULA 5 - A COMUNICAÇÃO À LUZ DAS REDES SOCIAIS

É preciso refletir a profundidade das relações digitais e avaliar como você tem se comunicado. Nas redes sociais, a comunicação pouco assertiva outra vez se mostra protagonista no tema que acabamos de estudar, os conflitos. Criticamos, julgamos e condenamos postagens (muitas vezes de maneira cruel), usando um formato de comunicação que pode até deprimir quem está do outro lado da tela.

Acredito que durante o século XXI, que ainda tem muitas léguas a caminhar, vários livros vão abordar esse tema específico.

Precisamos entender que rede social não é "terra de ninguém" e tudo pode ser rastreado. Quase como um reflexo da vida analógica, quem você é e quem se tornou hoje deixou um rastro durante sua vida.

É fácil prever o sucesso de pessoas que se dedicam e se esforçam para evoluir, que estudam, trabalham, que obtêm crescimento. Basta somar as conquistas ano a ano, e conseguirá ver como esse ou aquele chegou lá.

Entretanto, nas redes sociais a percepção pode ser muito equivocada porque a comunicação que retrata o sucesso pode ser condicionada, manipulada, maquiada.

Resumo as redes sociais como o lugar perfeito para mostrar as conquistas, as partes boas da vida, para falar mal do que discorda com a segurança do dito "livre-arbítrio", e de que todos podem ter uma opinião e expressá-la dentro de um país democrático. Mas, como garantir que o conteúdo que salta aos olhos é verdadeiro?

Quem frequenta a rede social às vezes segue pessoas que nunca viu presencialmente. Curte, opina e compartilha a partir de um relacionamento que não teve uma busca aprofundada de informações. É um julgamento? Não.

Está tudo bem em seguir, não existe certo ou errado e cabe lembrar que somente acompanhamos pessoas cuja **comunicação** – sempre ela – de alguma maneira, nos toca.

Ottimize-se 49:
"Há quem seja capaz de questionar o motivo de esta ou aquela ter tantos fãs e seguidores. Mas, o questionador não entende que se ela atraiu tantas pessoas, 'algo' na comunicação agradou, seja imagem, mensagem, influência, inspiração ou qualquer motivo que merece respeito".

Lembro-me de uma vez que encontrei em minha cidade uma pessoa que curtia e muitas vezes elogiava minhas postagens nas redes sociais. Eu a encontrei no supermercado, escolhendo tomates. Quando vi a pessoa ao meu lado, pensei, vou me apresentar. Dei um sorriso sincero e...

Infelizmente, fui tratado com indiferença. Sem acreditar naquilo, me perguntei:

É sério que a pessoa fez isso? É sério que ela admira tanto o meu conteúdo e não aceitou um simples "olá" presencial?

Qual é a sua opinião? Como você se comunica nas redes sociais? E mais: você seria capaz de ser indelicado com alguém cujo conteúdo você segue, curte e compartilha?

Perceba, a partir do que estudamos até aqui: a personalidade que é apresentada nas redes sociais, uma vez confrontada pela necessidade de se comunicar na vida real, pode acabar se revelando na essência.

7.1.6 - CÉLULA 6 - A COMUNICAÇÃO À LUZ DOS RELACIONAMENTOS

Saindo das redes sociais e do supermercado, vejamos outro exemplo do convívio presencial.

Na academia, uma comunicação silenciosa e preconceituosa também pode ser conferida. Os mais malhados não dizem uma palavra sequer, mas olham para os mais pesados e o olhar julgador diz tudo.

Mais uma vez, lembre-se que é impossível não se comunicar. Cerca de 55 a 60% da comunicação ocorre por manifestação não-verbal, ou seja, os movimentos do corpo, do semblante, dos gestos. A má-comunicação de pessoas que buscam a academia como uma referência para perder peso também ocorre de si para si.

A falta de autoconhecimento e a busca de referência nos outros faz com que o julgamento se intensifique, então essas ficam envergonhadas e acabam desistindo.

Mudando o ambiente, no trabalho, o colega da mesa ao lado não espera mais do que respeito, educação e empatia.

O vizinho de mesa que, por vezes, comete o erro já citado de separar a vida pessoal da profissional, inconscientemente (porque não pratica o autoconhecimento) despeja no colega toda a frustração que traz de casa, e se tem aí a origem da desarmonia.

De área em área, chegamos à corporativa, ao mundo dos negócios, onde se vê uma clara dificuldade de comunicação entre líder e liderados.

Muitos líderes acreditam que para serem reconhecidos, precisam atuar na liderança o tempo todo. Assim, é fácil encontrarmos líderes que sufocam a equipe, que manipulam os outros com o egocentrismo (lembra do ego que estudamos?) do cargo que ocupam, sem se preocupar com o maior recurso, o capital humano. Por isso, não aplicam nenhum tipo de ferramenta para conexão e sequer ficam atentos aos que produzem menos por questões relacionais e comunicacionais, que são pouco administradas e observadas.

Quem deseja ser líder com bons resultados, deve aprender a se comunicar. Estudos em organizações apontam que 75% do tempo de um líder é utilizado nos relacionamentos, seja nas áreas para planejar, delegar demandas, gerenciar reuniões ou administrar conflitos.

Sendo o líder obviamente um exemplo a ser seguido, deve levar em conta a forma de comunicar o seu modo de agir e ser. E, mais importante ainda:

Ottimize-se 50:
"Toda boa liderança necessita prestar atenção ao impacto causado por tudo o que não diz e não faz, pois o liderado é especialista em captar esses sinais sutis".

Isso mesmo, o liderado percebe, pois a comunicação dita é óbvia e não esconde muita coisa. Já o que não é dito, nem feito costuma revelar grandes segredos.

Para que se tenha noção de como ela, a comunicação, está em todos os setores, vamos ver outra ilustração. Em casa, o marido carrega as características do homem, em geral mais sucintos e silenciosos quando chegam cansados em casa.

Já a mulher chega em casa desejosa de conversar, expor os enfrentamentos do dia.

É uma regra? Não, porém costuma acontecer assim. Está formado o dilema. Ela alega que ele não quer escutá-la e ele argumenta que ela não o deixa descansar. A protagonista no embate? Ela mesma, a danada da comunicação.

Homens e mulheres possuem características conversacionais diferentes. A ciência diz que a precocidade feminina as coloca num patamar diferente, frente aos homens. A maioria das mulheres gostam de falar e veem a fala como um importante meio de se manter em contato e desenvolver relações pessoais. Já a maioria dos homens tendem a ver a comunicação como ferramenta para transpor informações, um meio para chegar a um fim, ou seja, tomar uma decisão, obter alguma informação, resolver um problema.

Os exemplos da comunicação (ou falta dela) nos relacionamentos, se fossem elencados em cada área da vida, poderiam demandar uma obra inteira e exclusiva. Como não é o nosso foco, imagino que você possa intercambiar os exemplos às áreas que necessita contemplar um *gap*, mas vamos permanecer mergulhando no tema.

7.1.7 - CÉLULA 7 - O CAMPO DO CONHECIMENTO

Ainda conectados ao casamento comunicação-relacionamentos, quero falar com um espaço familiar para mim, a sala de aula universitária, ambiente que atrai a comunicação pela ótica dos problemas e das soluções.

O motivo é compreensível. Cada aluno e professor tem origem e experiência heterodoxas em vários sentidos. Ao juntarmos ideias, crenças, valores e comportamentos, é natural que a comunicação ganhe algum déficit.

Ottimize-se 51:
"Cabe ao professor aplicar o exercício da escutatória em sua forma mais genuína, ouvindo a essência do que é dito com os demais sentidos despertos. Se o professor já consegue escutar de verdade, é necessário ainda ver e sentir o aluno de acordo com a realidade dele".

Vejo o professor como um facilitador da aprendizagem e, assim, parto do princípio de que sempre quero saber o que meus alunos sabem, veem e sentem sobre a pauta da aula. Depois, vou aparando as arestas ou ampliando o poder de conhecimento deles, agregando volume e valor ao conteúdo e às informações. É assim, entendo, que se promove a expansão do conhecimento.

Nem mesmo os espaços religiosos, seja qual for a religião, podem se dizer livres de problemas ligados à comunicação versus conhecimento.

O líder religioso é criticado por suas falas ou pela maneira que fala enquanto traz seu conhecimento à audiência. Os que se confraternizam, encontram e apontam aquilo que consideram errado ou duvidoso. Mais uma vez, é ela, a comunicação, a vilã?

Talvez não. O problema é quem e como comunica o conhecimento.

Quem está certo?

Quem está errado?

O que está certo falou errado?

O que está errado não conhece o certo?

E, por último, por que ele estaria errado?

O conhecimento transmitido com algum ruído gera divergências de opinião, que são e devem ser vistas como normais. Para calibrar supostos certos e errados, gosto de demonstrar o respeito pela fala alheia.

— *Se essa é a sua opinião, tudo bem, já a minha, é...*

Assim, a pessoa percebe que fui franco sem desqualificar o que ela disse ou fez. E você, que está lendo e, quiçá, refletindo sobre como tem sido a comunicação em sua vida?

Será que as pessoas ao redor, incluindo você, tem boa ou má-comunicação em relação ao conhecimento e, claro, em relação aos aspectos gerais do bom comunicar?

Pensando de maneira positiva, que é sempre uma bem-vinda forma de refletir, podemos avaliar que se a comunicação não tem surtido o objetivo de gerar o conhecimento que você deseja transmitir a alguém em qualquer área da vida, algum *gap* deve ser preenchido. Concorda?

Presumindo que o "sim" seja unânime – e creio que de fato seja – podemos imaginar uma solução coletiva. Por exemplo:

Carlos investiu tempo na leitura desta e de outras obras, praticou os recursos, revisou, revalidou e reaprendeu diversos comportamentos, visitando as crenças que o impediam de realizar os sonhos. Agindo assim, Carlos encontrou mais prosperidade na vida.

Carlos não está sozinho nesta vida e ao evoluir a partir do "conhecimento comunicado" por meio dos livros, quem convive com ele tende a crescer, desde que se permita um caminho semelhante, mergulhando no autoconhecimento.

Repare que nas mãos de quem encontra evolução está a nobre chance de estender essas mãos mais evoluídas e ajudar o semelhante, indicando treinamentos, livros, palestras, aulas e toda comunicação que tenha contribuído para o seu conhecimento.

Como seria o mundo se fizéssemos assim, comunicando para os outros o conhecimento evolutivo que conseguimos para nós?

7.1.8 - CÉLULA 8 - A COMUNICAÇÃO NA VIDA E NA CARREIRA

Observemos o tema por uma perspectiva diferente, como se fizéssemos um panorâmico sobrevoo de helicóptero pela arte de se comunicar, vendo tudo lá de cima. Sim, eu sei que já andei abordando o tema, mas acredite: se estou insistindo, é porque tenho presenciado a enorme quantidade de clientes e mentorados que se queixam das dificuldades nessa conciliação.

Vamos lá…

Uma das coisas que aprecio nos bons filmes e shows musicais é o *making of,* os erros e acertos que costumam ficar nos bastidores e são oferecidos ao público como extras, bônus ou como se queira intitular.

Gosto do que acontece nos bastidores porque ali se vê uma natural vontade de acertar no processo de comunicação, desde os cinegrafistas ao artista, das maquiadoras ao enredo.

Do cinema para a vida real, o fato é que a comunicação alcançou e aproximou o mundo, a partir da internet. Logo, o avanço na eficiência da comunicação é o benefício do século XXI e não o problema.

Por outro lado, se passamos a nos comunicar com alcance global, não quer dizer que sempre exista excelência no processo. Pelo contrário, cada vez mais, as pessoas se comunicam menos, como já exemplifiquei.

Por isso insisto na questão que acaba afetando o bom comunicar: precisamos priorizar o abandono da contemplação de vida pessoal e vida profissional. Que se pense, no máximo, em plano pessoal e profissional, nas estratégias que podemos traçar para o alcance dos melhores e mais desejados resultados no âmbito pessoal e na carreira que desejamos construir ou manter.

A ideia de separar as vidas é algo que a Psicologia do passado e a revolução industrial tentaram fazer por meio de processos, mas não se encaixa no século XXI.

Prof. Marco Antônio Ott

Não houve má-intenção. A Psicologia procurou separar o contemplar dessas áreas para que a pessoa não ficasse pirada com a pressão dupla. Já a revolução industrial deu sua contribuição para essa perspectiva dupla porque precisava que o funcionário estivesse ali, pronto para o trabalho, apesar dos problemas e dilemas que enfrentava em casa, no dia ou nas horas anteriores ao expediente.

Ottimize-se 52:
"Devemos pensar em vida, pura e simplesmente. Vive-se em casa, vive-se no trabalho, sendo que as duas perspectivas formam o todo, a inteireza de existir".

As pessoas têm propósitos, a maioria inconscientes ou supérfluos. Os propósitos são "intenções de" fazer algo que se busca "alcançar" e, geralmente, representam conquistas.

Percebo um exemplo de propósito inconsciente e supérfluo quando escuto alguém dizer que deseja ter sucesso na vida ou na carreira. Basta que eu pergunte onde, por que, para quê e por quanto tempo esse suposto sucesso há de levar. E pronto. A maioria não tem as respostas, pois percebe que são apenas devaneios, ideias ou vagos desejos. É difícil encontrar quem esteja consciente do preço a ser pago (inegociável) pela conquista do que terá que fazer ou se privar, até alcançar o que se propõe.

Você não acha que seria bom se as pessoas percebessem que só existe um jeito de descobrir ou ver a inteireza da vida? Esse jeito,

Devemos pensar em vida,
pura e simplesmente.
Vive-se em casa, vive-se
no trabalho, sendo que as duas
perspectivas formam o todo,
a inteireza de existir.

sugiro como professor que sou, passa pela boa comunicação intrapessoal, por aquilo que você diz para si, pela intimidade do livre pensar, que poderíamos chamar de "diálogo interno".

Deixe de tentar ou querer separar vidas. Somos uma só pessoa atuando no trabalho e em casa. Sabe aquela conversa de entrar em contato com o seu lado sombra e o seu lado luz? Pois bem, se existem pontos a serem aprimorados e desenvolvidos, permita o início de uma nova fase de colocar luz na sombra, olhando sempre para frente, buscando focar na descoberta dos pontos fortes que possui e que deve construir para permanecer a caminho de seu propósito, até obtê-lo.

Se é impossível separar trabalho e vida pessoal, proponho investigarmos a problemática que impede a comunicação assertiva por um só ângulo, o de viver, a despeito de onde viva a maior parte de seu dia.

Proponho que façamos isso através de um diagnóstico ilustrado, um exemplo que facilite nossa investigação, o que automaticamente deixa esse tema conectado à próxima célula.

7.1.9 - CÉLULA 9 - O PAPEL DOS FILTROS NA COMUNICAÇÃO

Vou oferecer o cotidiano de Ana Paula (tal qual os demais, é mais um personagem da vida real, porém com nome e detalhes fictícios para proteger a privacidade). Sinta-se livre e à vontade para se identificar, pois tenho certeza de que as situações de Ana Paula alcançam a vida de quase todos nós.

Ana Paula acordou às 7h. Gerente de uma instituição financeira, precisava cumprir o seu horário, das 10h às 19h. Seguiu a rotina. Tomou banho às pressas, preparou sua filha de 5 anos para a escolinha, deu café para a criança, engoliu qualquer coisa, pegou o carro, deixou a filha na escolinha e voou para o banco. Após uma hora de trânsito, chegou atrasada, às 10h20. Passou pelo líder, disse bom dia e não recebeu de volta a saudação.

Deve estar furioso pelo meu atraso. – Pensou Ana Paula.

Seguiu para sua mesa, onde um dos principais clientes a aguardava, impaciente, para reclamar das tantas tarifas em sua conta empresarial. Após muita conversa, o estorno de uma tarifa aqui e outra acolá, o cliente foi embora, mais conformado.

O dia mal começou e já me sinto exausta! – Refletiu a gerente.

Ainda naquela manhã, o líder a chamou e foi bem claro.

— Ana Paula, só falta uma semana para cumprir a meta da venda de consórcios e planos previdenciários. Faça contato com os seus clientes, se vira, dê os teus pulos!

— Mas os meus clientes...

Antes que pudesse terminar, o líder a interrompeu.

— Ana Paula, eu não quero argumentos, quero números. Aliás, tem gerente demais nesta agência, viu? Talvez esteja na hora de realocar ou dispensar uns dois ou três. Duas sugestões: ou me ajude a te ajudar, ou não reclame se eu te prejudicar. Pode ir!

Com a mão, o líder fez um gesto para que Ana Paula deixasse a sala. Ela saiu indignada por não ter a chance de argumentar, preocupada com o emprego, apavorada com a meta.

Ao chegar em sua mesa, descobriu que outras cinco pessoas aguardavam atendimento. E não conseguiu evitar um pensamento.

Como posso oferecer consórcio e previdência aos clientes, se passo o dia atendendo outras demandas?

Ana Paula se viu furiosa. Nada boba, percebia a realidade ao redor. Completava só seis meses e os demais gerentes que tinham anos de trabalho naquela agência ficavam com os melhores clientes, restando para ela os clientes problemáticos, complicados, sovinas, mal-humorados e enjoados.

Certa vez, queixou-se com o líder, que não gostou nada da resposta.

— Se você achar que é difícil ou impossível, providencio outro gerente para o seu lugar. Ninguém é obrigado a fazer o que não quer, Ana Paula!

Ela não se deixaria vencer. Nem almoçou. Aproveitou o período em que o telefone tocava menos e resolveu ligar para alguns clientes.

— *Eu já tenho plano de previdência privada com outro banco!*

— *Detesto consórcio!*

— *Vocês só me ligam quando estão querendo vender alguma coisa, tô fora!*

Quase ao fim do expediente, Pedro, um dos colegas gerentes, perguntou se poderia falar com ela.

— Agora não, Pedro. Estou toda enrolada!

Pedro virou as costas e voltou para a sua mesa.

Ao término do dia, Ana Paula foi embora frustrada, sentindo o peso do dia improdutivo. Passou por seu gerente, que fez uma pergunta cheia de sarcasmo.

— E aí, Ana Paula, aproximou-se da meta? Lembre-se, hein, tem gerente demais na agência. Até amanhã!

Ana Paula sentiu uma mistura de raiva, frustração, impotência e uma irresistível vontade de gritar, mas restringiu-se a responder um simples "até amanhã" e foi para casa.

Ao chegar, correu para colocar as roupas na máquina de lavar, pois se lembrou que, naquela semana, a empregada não viria. Esvaziando os bolsos das roupas, para evitar que dinheiro ou papéis fossem parar na máquina, viu um bilhete no bolso da camisa do marido, policial federal.

"Amanhã, no bar de sempre, às 20h. Aqui não é o melhor lugar para falar."

Automaticamente, pensou em traição.

É só o que me falta. O filho da puta do meu marido tem uma amante!

Bilhete em mãos, cortisol à toda no organismo, estresse às alturas e frustração no coração, Ana tomou uma decisão. Fez uma mala para si e outra para a filha. Foi para a casa da mãe e deixou só um bilhete na mesa de centro para o marido.

"Estou indo embora. Divirta-se com aquela que você encontra no tal bar de sempre."

Assim chegou ao fim o desafortunado dia da personagem. Uns dirão que Ana Paula é azarada, outros que precisa se benzer, mas alguns elementos da comunicação passaram despercebidos aos olhos dela. Aliás, vai ficar evidente que até mesmo oportunidades passaram ao longo do dia de Ana, e não foram percebidas.

Prof. Marco Antônio Ott | 133

Ottimize-se 53:
"Aquilo que é dito de você para você pode ter o papel de comunicar um problema ou uma oportunidade, a depender do filtro utilizado".

a) A excelência no processo de comunicação deveria começar "dela para ela", algo que Ana e cada um de nós precisamos entender em definitivo. Não é justo que a fala de outra pessoa determine o nosso estado de espírito ou dite como iremos agir e reagir. Num plano íntimo, Ana comunicava para si que o melhor seria acordar todos os dias às 7h e correr com os afazeres. Se acordasse trinta minutos antes, faria tudo com calma e sairia de casa mais disposta. Em vez disso, treinou o cérebro para fazer tudo correndo, e começava o dia perdendo para o estresse;

b) A vida em megalópoles prevê trânsito no mundo inteiro. O que importa, de fato, é o alimento que damos ao cérebro (comunicação) enquanto a vida segue engarrafada. Ana poderia escolher um *audiobook* de conteúdo relevante ou uma boa e prazerosa música, mas preferiu comunicar para si o estresse;

c) Quem dá "bom dia" deve entender que "deu" o seu melhor, que se comunicou da maneira certa, desejando algo de positivo a outra pessoa. Se o líder não tinha nem mesmo um "bom dia" a devolver, quem perde não é Ana e sim ele;

d) Cada cliente que Ana atendeu se queixando, como se fosse mera obrigação, poderia representar uma oportunidade de negócios e o cumprimento da meta. No entanto, Ana Paula estava cega diante da má-comunicação que praticava consigo, desde que acordara;

e) De chefe tirano e meta pouco factível o inferno está cheio, mas as empresas também. Ana Paula precisa decidir se permanece na instituição apesar do chefe ou se vai ser feliz noutro lugar. Enquanto ali estiver, merece e precisa estar bem, o que vale para todos nós. Necessitamos de uma blindagem neurológica contra as injustiças que acontecerão todos os dias. Sem esse escudo invisível comunicaremos a nós e aos outros, mensagens abaixo de nosso verdadeiro potencial (razão pela qual muitos profissionais não batem metas);

f) O colega a procurou e Ana Paula o repeliu, disse que "estava enrolada". Na verdade, Pedro ficou sabendo da pressão, considerou aquilo uma injustiça e procurou Ana a fim de oferecer um cliente novo que desejava contratar consórcio para as suas três empresas. Ocorre que sem uma íntima comunicação positiva, Ana fechou as portas a quaisquer oportunidades, ignorando o colega e a chance;

g) Por último, o bilhete na camisa do marido era de um colega policial. Desconfiado de que estavam grampeados, escreveu o bilhete e convidou o colega para conversarem longe da delegacia.

Como se pode conferir, Ana Paula nos ofereceu sete constatações a respeito daquilo que comunicamos a nós e aos outros. Anote aí uma lição que pode servir para uma vida inteira de comunicação assertiva.

Ottimize-se 54:
"Desejar o domínio da comunicação externa
sem avaliar o que comunica para si,
equivale a desejar o domínio de um belo salto
sem conferir o paraquedas".

7.1.10 - CÉLULA 10 - A TAL DA COMUNICAÇÃO ASSERTIVA

Deixemos de lado por enquanto a nossa personagem que gerou ótimas contribuições. Vamos refletir, agora que exercitamos o cérebro, com a análise da personagem sobre quem é de verdade "o cara" chamado comunicação, avaliando pela expressão derivada mais comum, a tal comunicação assertiva.

Sem dúvida, o desejo de acertar é unânime. Ou alguém sai de casa pensando "hoje vou falhar 100% daquilo que comunico para os outros"?

Contudo, o conceito da assertividade é utilizado de maneira inadequada na maior parte das ocasiões. Para algumas pessoas, ser assertivo é usar a comunicação de forma sincera e objetiva, dizendo diversos "nãos" e pouquíssimos "sins" aos outros, constantemente

Desejar o domínio da comunicação externa sem avaliar o que comunica para si, equivale a desejar o domínio de um belo salto sem conferir o paraquedas.

com uma preocupação no ar: ser aprovado, aceito e agradar aos outros. Para outros, significa falar bem. Vamos entender melhor?

Assertividade não vem de (acerto) de acertar, assertividade deriva de asserto, que significa uma afirmação ou declaração.

— É para me comunicar de forma sincera ou verdadeira?

Foi essa a pergunta que fiz a uma cliente, certa vez, gestora de várias empresas. A mulher pensou em silêncio e, depois de alguns longos segundos, devolveu com outra pergunta.

— Como assim?

Afirmei que as verdades vêm ancoradas a fatos e evidências. Já a sinceridade pode ser resultante de uma opinião própria ou da interpretação que os outros tiveram.

Isso é assertividade, é quando se usa na comunicação as verdades que podem ser vistas, ouvidas, sentidas e comprovadas por todos os envolvidos.

Ottimize-se 55:
"Não está diretamente relacionada ao conceito de certo ou errado, a assertividade colabora por clarear as relações comunicativas, diminuindo ou até evitando os ruídos de comunicação entre pessoas ou causas".

E por falar nele, o ruído de comunicação, que é um dos maiores carrascos das empresas e organizações, vamos investigar tamanha vilania.

A exemplificar, um grosso ruído de comunicação que presencio rotineiramente é quando vejo comunicadores acreditando que o interlocutor "há de saber" ou "deve saber" o que estão querendo dizer, quase usando o *princípio da igualdade* segundo o qual, se somos todos iguais, então qualquer um deveria saber do que é comunicado.

Não é bem por aí. Inexiste assertividade quando o comunicador imagina que o outro detém todos os recursos ou as informações que deveria ter. Para neutralizar ou diminuir a margem de erro na comunicação, incentivo o comunicador e a você, leitor, de se lembrarem que na maioria das vezes, um contexto, uma introdução ou uma explicação do que é comunicado deve vir à cena, acompanhado da regra de que o "óbvio precisa ser dito".

Até aqui, você certamente está compreendendo toda a comunicação da obra, certo? Pois bem, a estratégia que usei para me comunicar com você tem por base tais premissas, introduzir, conversar com você, ter empatia por quem está recebendo a mensagem.

Podemos dizer que a expressão da linguagem assertiva, seja verbal ou não-verbal, utiliza sinais verdadeiros, respeito por si e pelos outros, foco na solução de conflitos, na obtenção de resultados promissores, na satisfação de todos os envolvidos na relação. É marcada também por um comportamento honesto, sem manipulações que comprometam a pauta discutida.

Assim compreendido, precisamos entender o caminho contrário local comum, em que costuma se esconder o ruído e até a agressividade na comunicação:

O que não é comunicação assertiva – como quase tudo que existe nesta vida, antes de determinar o que é positivo, precisamos saber o que é negativo, já que o cérebro funciona por comparação.

No ambiente acadêmico onde leciono, minhas aulas sempre foram disputadas porque o foco não estava na matéria, mas na comunicação da matéria.

Num país em que a média de leitura por brasileiro soma apenas 2 livros/ano, a interpretação e o entendimento requerem método e estratégia para que o conteúdo seja verdadeiramente absorvido. Logo, o professor deve se debruçar sobre uma pergunta e respondê-la diariamente, se reconstruindo de acordo com as novas realidades que, desde a chegada da internet, são apresentadas todos os dias.

Como acertar em um mundo de incertezas?

Ottimize-se 56:
"O caminho não pode consistir apenas em agradar. Se existe interlocutor, existe comunicação, mas não quer dizer que as partes estão agindo em prol de uma mensagem fluída e assertiva aos interessados, aos envolvidos que esperam entender e tirar o melhor proveito possível do que foi transmitido".

É aí que pode morar a ineficiência do tema. Muitos são bons oradores e péssimos "escutadores", ótimos argumentadores que carregam a dificuldade de manter o silêncio enquanto o outro argumenta, não raro até terminando as frases do interlocutor, com deduções ansiosas.

140 | Ottimizando estratégias para a vida e carreira

Veja um exemplo de diálogo com tais elementos daquilo que podemos simpaticamente chamar de "dedução da ansiedade comunicativa".

— Quero opinar sobre isso, pois estou...

Antes que possa responder, o outro deduz com a pergunta.

— Insatisfeito?

O primeiro ainda tenta recomeçar e replica.

— Não se trata de insatisfação. É que...

E outra vez é interrompido.

— Então já sei. Você está decepcionado. Eu posso explicar...

— Não. Estou feliz e satisfeito. É que...

— *Ah, então já sei. Só pode ser desconforto. É isso?*

No lugar de diálogo, o exemplo retrata um monólogo e não falta gente capaz de agir assim, constrangendo o interlocutor, pressionando, tentando entrar na cabeça do outro e imaginar o que ele deseja dizer, em vez de permitir que essa outra parte simplesmente finalize sua opinião.

Tenho certeza de que você conhece alguém assim, que alimenta esse péssimo hábito.

Chegou a hora de ajudar essa pessoa. Separei quatro caminhos que, espero, tenham o potencial de colocar fim à ansiosa forma de se comunicar.

Sugiro que compartilhe com esse alguém em quem você pensou, pois a informação poderá ajudar, por exemplo, a controlar a ansiedade e o desejo de falar, enquanto escuta o outro.

Otimize-se 57:
"O silêncio tem o seu necessário e justo espaço. A respiração dá o tempo e o espaço necessários para que o outro possa se expressar no tempo dele, permitindo que 'o seu silêncio' prevaleça enquanto respira. Respirar antes de iniciar a conversa e durante o diálogo, gerando pausas na fala, é uma chance para que a mente processe a informação que está sendo emitida e recebida".

Com pausas e sem pressa de terminar, respirando enquanto ouve o interlocutor sem interrupções, estamos prontos para os passos que citei.

a) Como apresentar suas ideias com clareza e eficiência – você pode programar a mente a criar um resultado a ser alcançado. Por exemplo, "minha ideia é que". Se deseja apresentar uma ideia, inicie a fala pelo resultado que pode alcançar, usando "se" a ideia for acatada (em posição condicionante). Iniciando sua apresentação com os benefícios que a ideia pode gerar, haverá condições de identificar a melhor forma de se expressar;

b) Como desenvolver a verdadeira empatia pelas incertezas do outro – ouça-o de verdade, com a mente e o coração disponíveis. Compreenda a incerteza do outro através do envolvimento duplo, seu e dele. Ao demonstrar interesse real pelo que é dito, abre-se um ótimo caminho para a boa comunicação ocorrer em todo o seu percurso, inclusive pela ótica dos negócios;

O silêncio tem o seu necessário e justo espaço. A respiração dá o tempo e o espaço necessários para que o outro possa se expressar no tempo dele, permitindo que 'o seu silêncio' prevaleça enquanto respira. Respirar antes de iniciar a conversa e durante o diálogo, gerando pausas na fala, é uma chance para que a mente processe a informação que está sendo emitida e recebida.

c) Como dar novo significado para a crença limitante "eu não me expresso bem" – Parafraseando William Shakespeare – *"Nossas dúvidas são traidoras e nos fazem perder o que, com frequência, poderíamos ganhar, por simples medo de arriscar."* Talvez, o melhor seria não dar um novo significado a esta crença, e sim, arriscar com autenticidade, autoconhecimento e autoajuda;

d) Como ressignificar o medo de se expressar em reuniões ou eventos em que a sua fala é crucial para os resultados – com a mesma coragem que se tem de acordar todos os dias e viver a vida, dando significado e representatividade para essa coragem que está presente em todo ser humano do planeta. Quer que seja mais fácil ainda? Prepare-se, leia, estude, domine o tema, saiba o que deve fazer, comunique-se bem e faça.

7.1.11 - CÉLULA 11 - A RELAÇÃO COMUNICAÇÃO X ASSERTIVIDADE

De nada adianta falar sem escutar verdadeiramente ou vice-versa, e imagino que isso tenha ficado bem claro nas últimas argumentações que preparei.

Lembro-me de uma aula na universidade, uma nova turma em que os alunos não queriam minha presença, pois relacionavam a matéria que seria discutida às pessoas que atuavam no ramo do *coaching*, e contavam com a desaprovação da galerinha.

A indicação partira de um cliente que estudava na turma e ainda tentou me alertar, porém eu não imaginava quão profunda era a re-

144 | Ottimizando estratégias para a vida e carreira

pulsa pela matéria. Foi assustadora e, ao mesmo tempo, instigante a oportunidade de mudar a percepção do grupo.

Como a comunicação não-verbal das pessoas ultrapassa a margem de 60% do processo de comunicar-se como um todo, ficou fácil detectar que "algo não estava certo".

Ottimize-se 58:
"Não é comunicação assertiva se a curiosidade for deixada de lado, se esquecermos de perceber como os outros estão sentindo o conteúdo".

Voltando à aula, a disciplina tratava da compreensão e do papel do processo de *coaching* na Gestão Empresarial. Antes mesmo de começar a aula, fui julgado por conta da banalização do "tema *coaching*" na indústria da informação e assim, tendo a matéria sido usada de maneira inadvertida por muitos, entende-se o pé atrás dos alunos.

Na visão da turma até aquele dia, o *coach* da atualidade fez um ou alguns cursos durante os fins de semana e, precocemente, se tornou "*expert*" em desenvolvimento humano, carreira ou qualquer tema.

Naquele momento e com a crença conjunta formada, o ceticismo impedia qualquer tipo de explicação, portanto não seria assertivo seguir o caminho do esclarecimento ou do confronto.

Ottimize-se 59:
"A tentativa de provar algo a quem não dá credibilidade equivale a argumentar com um objeto inanimado".

A comunicação assertiva aflora quando há conhecimento disponível aplicado a partir do que se percebe.

Entendeu como é "fácil" praticar a não-assertividade? A tentação natural seria enfrentar, confrontar e provar que a turma talvez tivesse feito um julgamento prematuro, que existem profissionais de alta performance no setor. Mas, existem outras estratégias.

Vale refletir que não adianta ser indicado como autoridade em um assunto. Se as pessoas rejeitam certo tema de acordo com o que ouviram, viram e sentiram em relação ao que você faz ou diz que faz, ensina ou diz que ensina, ser você quem é não vai mudar a percepção ou a impressão.

Quando não existem dois lados, o melhor caminho é "perceber antes" de agir.

Daqui a pouco, apresentarei o que fiz para virar o jogo, para dar um novo significado a um tema que é sério, conquistando a turma.

Antes, vamos ao antídoto porque expliquei na célula anterior o que não era comunicação assertiva, e chegou a hora de dizer o que é.

O que é comunicação assertiva – agora sim, podemos desvendar os mistérios desse carinha. A comunicação deve ser fruto direto daquilo que se deseja para a vida e o trabalho. Seja para convencer alguém, vender um produto, dar uma aula, falar de si, apresentar uma teoria, pedir a mão de alguém em casamento, ser aprovado num cliente ou diante de um futuro empregador e por aí vai, lembre-se disso, e me permito repetir: a comunicação deve ser fruto direto daquilo que se deseja para a vida e o trabalho. Ou, posso ainda traduzir em outras palavras e se me esforço assim, é porque desejo ver a informação profundamente internalizada, inserida em sua mente.

Ottimize-se 60:
"A comunicação assertiva aflora quando há conhecimento disponível aplicado a partir do que se percebe".

Em tempos de pandemia, por exemplo, enquanto o mundo inteiro lutava contra um vírus letal, mais do que nunca a comunicação mundial não foi somente fundamental, mas a chave de tudo.

Pensando nisso, podemos aferir que todo acerto deriva de aprendizado, treino e melhoria percebida após um ou mais erros cometidos.

Perseguindo tal lógica simples e eficaz, as conquistas se tornam questão de tempo e planejamento.

O meu casamento com a carreira na área do desenvolvimento humano já celebra bodas de prata, ultrapassando 25 anos de atuação na área, focando nos esforços para a melhor atuação comportamental do ser humano.

Posso afirmar que erros ocorreram, mas aprendi muito e sigo aprendendo com eles, o que me leva a outra lição sobre comunicação.

Ottimize-se 61:
"Aprendemos com os erros e se tornam leves como plumas. Reincidimos e se transformam em bigornas".

Voltando ao exemplo da turma de universitários, antes de iniciar efetivamente a matéria, tratei de ouvi-los para obter todas as informações que facilitassem a reversão da causa, da má-impressão que tinham. Acionei meus dispositivos de "não julgar e perceber" o que estava acontecendo.

Depois de algum tempo, consegui entender que as experiências com "o *coaching*" vividas por aquelas pessoas até ali foram, no mínimo, perda de tempo para a sua vida.

Imagine você, pagando e perdendo tempo com algo. Decerto, faria o mesmo e procuraria repelir outras pessoas que defendem o mesmo ou algum semelhante tema.

Levei muito tempo de aula "acompanhando" o que as pessoas diziam (calibrando) para depois, finalmente, ter êxito na condução da turma. De forma metafórica, os convenci a que separassem o "médico da medicina", o "engenheiro da engenharia", o *coach* do *coaching*. E se você não sabe do que se trata, *coaching* é uma matéria baseada em ferramentas, técnicas e perguntas estratégicas para se obter lucidez na forma de alcançar conquistas, enquanto *coach* é a pessoa que ministra essa matéria.

A repulsa era pelos "ditos profissionais", ou melhor, pela figura do *coach*. Alguns deles participaram de infelizes "dinâmicas divertidas" ora interpretadas como infantis, desnecessárias, equivocadas ou, para alguns, intimidadoras.

Quando encarei a turma, há alguns anos eu vinha acompanhando muitas pessoas que atuavam no mercado como *coaches*, associando motivação ou frases prontas à figura de uma *expertise*, algo como "o treinador de gente que resolve tudo", simples assim.

Como me propus a entender e ouvir os alunos e suas percepções, não foi difícil me conectar a partir desse ponto de vista. O desenvolvimento humano precisa ser respeitado. O ser humano deve ser respeitado. A inteligência das pessoas deve ser respeitada. Basta subestimar uma parte desse tripé e adeus, relação x comunicação.

A andragogia, ciência de orientar o adulto a aprender, é um ensino baseado no autoconhecimento como combustível para uma educação continuada. A partir dela, foi possível dar o melhor de mim àquela turma que deixou a sala de aula com uma nova visão da matéria *coaching*.

Quem nunca se dispôs a ir atrás do segundo médico, em busca de uma segunda e diferente opinião, um segundo e mais confiável mecânico, um segundo e mais proativo pedreiro?

Quem já errou se comunicando sabe o que não deve fazer, e imagina como criar alternativas para que as coisas fluam.

Ottimize-se 62:
"Quando sabemos do que se trata a comunicação, unimos significado e conhecimento à narrativa bem-sucedida, a assertividade surge instantaneamente".

Sim, é quase um passe de mágica, certo?

Só que não!

Mágica coisa alguma. Trata-se do seu conteúdo misturado ao do outro, que se transforma em uma comunicação de troca, e que pode gerar ainda mais conteúdo. Assim, desvendamos os mistérios do carinha chamado **assertividade que significa declarar demonstrando**

150 | Ottimizando estratégias para a vida e carreira

Quando sabemos do que
se trata a comunicação,
unimos significado e
conhecimento à narrativa
bem-sucedida,
a assertividade surge
instantaneamente.

segurança nas palavras. Então, o próximo passo é entender o processo da comunicação aplicado nas relações familiar e profissional.

7.1.12 - CÉLULA 12 - A COMUNICAÇÃO EM FAMÍLIA

Como eu deixaria de lado esse tema, dentro do nosso profundo mergulho na comunicação?

Muitas famílias não se entendem em várias esferas. São irmãos duelando, pais e filhos medindo forças, casais brigando até a separação, netos e avós vivendo o choque entre as gerações analógica e digital. Os exemplos são vários e a causa é, quase sempre, a mesma: comunicação (ausência, ruído ou não-assertividade).

Eu não posso ser pai, professor, autor, mentor, neurotrainer, e palestrante a todo instante. Ana Paula não pode ser gerente de banco em casa a todo instante. Precisamos entender que embora não se separe vida pessoal da vida profissional, "dentro de casa" precisamos de uma linguagem que remeta a existir, pura e somente, a amar por amar.

A maior parte dos conflitos deriva de uma má-comunicação, envolvendo três cenários.

a) Quando se invade o espaço intelectual, aquele momento em que tentamos, sem empatia alguma, fazer a pessoa pensar como nós pensamos, a cultivar valores que nós acreditamos, oferecendo respostas infalíveis em vez de perguntas agregadoras, ignorando o contexto e partindo para a disputa de conteúdo;

152 | Ottimizando estratégias para a vida e carreira

b) Quando se escuta a voz do outro só com os ouvidos, ignorando que o coração precisa "sentir" o que a outra pessoa diz, deixando de perceber as oportunidades que, na verdade, querem aflorar;

c) Quando não há brecha para discordâncias dos pontos de vista. Ou seja, mais uma vez a ausência de empatia se faz valer como um comportamento onisciente (quando alguém pensa possuir todo o conhecimento do mundo em todas as áreas).

Ottimize-se 63:
"No dia que o relacionamento familiar em geral tiver uma leitura mais assertiva dos contextos que envolvem as relações de comunicação, tiver percepção clara das intenções e dos conteúdos, tiver a exclusão do pré-julgamento, haverá um 'milagre' e respostas sobre a melhor forma de se comunicar dentre os personagens da mesma família começarão a aparecer".

O contexto e a extensão desses pensamentos me permitem o uso de uma frase que costumo disparar, sem moderação.

Ottimize-se 64:
"Não estou dizendo que seja fácil, mas afirmo que pode ser simples".

No dia que o relacionamento
familiar em geral tiver uma leitura
mais assertiva dos contextos que
envolvem as relações de
comunicação, tiver percepção clara
das intenções e dos conteúdos, tiver
a exclusão do pré-julgamento,
haverá um "milagre" e respostas
sobre a melhor forma de
se comunicar dentre os
personagens da mesma família
começarão a aparecer.

Todos os dias, costumamos deixar o lar e os que amamos, rumo ao trabalho. Então, faz sentido destacar uma célula para investigar o bom comunicar nesse ambiente em que tantas horas permanecemos. Vamos lá dar aquela ottimizada...

7.1.13 - CÉLULA 13 - A COMUNICAÇÃO NO TRABALHO

Vamos procurar entender como se comunicar no trabalho em prol de resultados promissores. A exemplo do que aconteceu com Ana Paula, faz-se óbvio que por decisão própria, a gerente ficou impossibilitada de gerar aos clientes a melhor performance comunicativa. Isso acontece com todos que enfrentam pressão.

Ottimize-se 65:
"Se retirarmos a opinião, restam apenas circunstâncias, alegações, reações e consequências".

A boa comunicação resulta em ascensão nos negócios e na carreira, mas exige de novo o danado do autoconhecimento, que precisa de um "comportamento comunicacional" adequado aos ambientes organizacional e comercial, e que resulta numa blindagem natural.

Vejamos o exemplo de como o casamento entre o autoconhecimento e o comportamento pode representar uma relação eternamente feliz.

Todos somos observados, agimos e reagimos. Em contrapeso, o comportamento mostra quem somos, enquanto o subconsciente permite que as atitudes venham a surgir.

Phillip Kotler diz que *"pessoas são contratadas e promovidas por sua capacidade técnica (conhecimento) e demitidas pelo comportamento"*. Uma pessoa que conhece a si mesma jamais reproduz um comportamento inadequado numa situação ou ambiente, pois está um passo à frente para saber a melhor forma de se comportar e comunicar.

Nada diferente disso, profissionais de perfil assertivo inseridos no ambiente organizacional são cada vez mais valorizados, já que estamos falando de um universo marcado por mudanças contínuas, exigências, pressões, objetivos claros e foco em resultados mensuráveis.

Já encaminhando a obra para a parte final, ao pensar na melhor comunicação aplicada ao ambiente de trabalho, chamo sua atenção para sete características comportamentais que podem dar a exata noção daquilo que os grandes profissionais usam em seu conjunto comunicacional.

1. POSICIONAMENTO CONSTRUTIVO

Para evitar que problemas comecem a ocorrer, é necessário dizer o que precisa ser dito (assertividade) e isso é feito porque "deve ser feito". Eu mesmo, quando "construo um posicionamento", trago para a minha comunicação "perguntas e contextos".

As perguntas visam fazer o meu interlocutor pensar. Os contextos são o conteúdo que explica o que penso e quero dizer, para não ser mal interpretado ou contrariar os valores de quem está se comunicando comigo.

Por exemplo, Anderson é empresário e tem sua empresa situada na sala alugada de um prédio comercial. No andar, existem duas salas, a dele e de outra empresa que está se mudando dali.

Anderson pensou em aproveitar a oportunidade e alugar a outra sala para "ampliar" o seu espaço, convicto de que a expansão seria muito boa.

Quando fiquei sabendo, me posicionei de maneira construtiva, para que o meu cliente refletisse, e usei o citado "método de pergunta e contexto".

— Caro Anderson, tenho algumas perguntas. Quando diz que vai tomar tal decisão, isso quer dizer que está precisando de mais espaço para o seu negócio ou quer satisfazer um desejo pessoal? A expansão física vai trazer algum benefício direto para sua empresa? Vai proporcionar maiores ganhos ou será uma despesa fixa adicional que a sua empresa hoje não possui?

Após deixar o empresário em profunda reflexão, expliquei a ele o motivo das perguntas e divido com você.

Anderson, eu já ouvi empresários dizendo que investiram na estrutura e depois perceberam que a decisão tinha sido muito mais um "desejo de", do que um "objetivo para" trazer retorno ao negócio. Talvez você deva checar se a suposta falta de espaço físico é algo que realmente está atrapalhando a empresa a evoluir e crescer.

Como se percebe, o contexto que ofereci a Anderson tem o potencial de produzir reflexões e lucidez a partir do exemplo de outros que já adotaram semelhante decisão, facilitando ao meu cliente a decisão por uma nova perspectiva.

2. EXERCÍCIO DE NÃO-JULGAMENTO CONSTANTE

Vamos começar por um entendimento básico. No ambiente profissional, o não-julgamento pode ser realizado se usarmos, em nossas relações, "a empresa" como forma de interpretar o que deve acontecer ou estar em pauta. Assim, excluímos a possibilidade de "conteúdos personalizados", daquela interpretação feita por muitos, do tipo "é pessoal" ou "o chefe está no meu pé". Agindo assim, endereçamos a demanda às atitudes, para o que a empresa necessita que aconteça ou seja feito naquele momento.

Cabe avaliar que não julgar os outros e a si exige o "exercício diário" para lembrar de não fazê-lo. Vou confessar que ocorrem dificuldades em determinados momentos e diante de temas com os quais todos nós lidamos.

Posso dizer que, com o tempo, vai ficando mais fácil, mas só o fator tempo não basta. É preciso demandar treino quanto aos quesitos percepção, compreensão e permissão.

Permita-se compreender que tanto os outros quanto você, em algum momento da comunicação, estão na posição de agressor ou vítima.

Tudo depende das circunstâncias e dos filtros, lembrando que o exercício de não julgar consiste ainda em entender o outro de acordo com a visão de mundo dele e não com a sua.

Não se julgar é entender que você vive a partir da visão de mundo que possui, o que demanda conhecimento e autoconhecimento.

158 | Ottimizando estratégias para a vida e carreira

É fácil se permitir?

É fácil aceitar o que vem dos outros?

Claro que a resposta é não, portanto registre na mente que exercitar permissão sem julgar é um exercício que exige pensar e aplicar na prática.

Conheço pessoas que precisam de ajuda para consegui-lo. Se você for uma delas, peça ajuda e sem querer, já estará a se permitir.

3. O CONCEITO DE QUE SE ERRA, APRENDE E ENSINA

Na vida, no dia a dia, é tudo fácil, certo? Só que não. Vejo, ouço e sinto pessoas passando por dificuldades diárias, sem sequer perceberem que pode ser a vida oferecendo oportunidades para evoluir.

O meu filho ouve desde sempre a frase *se você tem um problema, então resolva!*. Eu digo e repito o ensinamento porque em minha vida, "desde sempre" tive que me virar solitariamente diante dos problemas.

Isso me instiga a mostrar aos outros o que aprendi, pois o modelo de ensinamento do meu pai foi, na maioria das vezes, sem nenhum tipo de explicação, com um simples "você observe o que ele faz, imite e dê conta daquilo". Aliás, enquanto escrevo para você, acabo de me lembrar que foi assim que aprendi a dirigir, olhando-o e imitando-o.

Mas, diante de tudo, eu imaginava que as coisas que aconteciam ou eram feitas, necessariamente tinham que ser difíceis. Lembro-me que ao receber alguma orientação de meu pai, ou a comunicação tinha aquele tom "pesado" que fazia parecer uma repreensão, ou vinha sob a forma de "você já deveria saber disso", sendo que essa última me frustrava.

Hoje, aprendi e sou diferente. Ensino o que aprendo, pois noto todos os dias que, por ser mentor e professor, me torno um tipo de referência, a pessoa que "sabe das coisas que irão aprender" ou, de certa forma, algo como uma espécie de mestre deles. Ocorre que todos somos, e permita-me explicar.

Na vida de qualquer pessoa, **dificuldades são metáforas para o aprendizado**. Quando erramos, também aprendemos, e quando ensinamos alguém, aprendemos mais ainda.

Ensinar aos outros o que aprendemos, segundo a ciência que estuda competências, permite-nos reter mais de 95% da experiência vivida, ou melhor, a essência daquilo que aprendemos.

Em resumo, aprendi com o meu pai, pelo exemplo dele, que se a pessoa deseja conquistar ou construir algo em sua vida, resolva o que tem de ser resolvido, simples assim.

Quando vou ensinar tal conceito aos meus alunos e treinandos, peço a eles que perguntem ao meu filho o que se deve fazer diante de um problema. Imagine o que meu filho responde:

— Resolvam!

4. A MANUTENÇÃO DOS RELACIONAMENTOS

Na evolução do ser humano, observamos o quanto somos tribais, ou seja, vivemos em união com os outros da tribo, nos associando por afinidades ou interesses.

160 | Ottimizando estratégias para a vida e carreira

É assim no relacionamento entre sócios de uma empresa, dentre os colaboradores, clientes e fornecedores dela, no relacionamento entre duas pessoas que resolvem viver suas vidas em união, na família em geral ou numa sociedade que une povos.

Precisamos disso, é uma necessidade humana querer estar perto de alguém, ser aceito, amado ou admirado de alguma forma.

O maior ganho nas experiências entre pessoas ocorre quando um aspecto da comunicação humana é realizado por todos os personagens do relacionamento e, claro, refiro-me ao diálogo, cujo papel de oferecer protagonismo aos tribais é indiscutível.

Não há relacionamento se inexiste diálogo e não há diálogo quando se quer "convencer" e se os relacionamentos não puderem ser gerados. Já a manutenção exige conteúdo evolutivo de ambas as partes, e pode partir também de um dos lados sob a forma de estímulo, para que uma boa conversa flua.

Mantê-lo é outro desafio, pois é preciso esforço para repetir a dose, desejar que ocorra nova troca de informações, pensamentos, sentimentos e experiências. Depois, outra vez, e outra, e assim por diante (a ausência do diálogo ou o não-desejo de seguir dialogando com a pessoa amada, explica, por exemplo, porque muitos casamentos chegam ao fim).

E, afinal, existe uma forma prática de manter um relacionamento em bom nível comunicacional?

Ora, há muito tempo escutei uma frase que faz muito sentido para todo relacionamento que dura: *"trate os outros como gostaria de ser tratado"*. Que tal praticar e ver o que acontece?

5. A RESPONSABILIDADE

Em linhas gerais, o termo remete à obrigação de responder pelas ações, certo?

Na esfera da comunicação, a responsabilidade é sempre de quem comunica ou quer comunicar. Será? Vejamos...

Responsabilidade comunicacional é ter coragem de assumir o que diz, diferente de uma frase que li, certa vez, e que dizia: *"sou responsável pelo que digo, não pelo que você entende"*.

A frase deixa evidente porque alguns se comunicam melhor que os outros, já que posso perfeitamente perguntar:

Para quê, então, dizer algo, se você não quer, nem mesmo se esforça para que o outro entenda?

A frase de teor comunicacional-assertivo deveria dizer: *"não importa o que eu digo, o importante é o que os outros entenderam de acordo com a visão de mundo deles"*.

Quando me importo com o que os outros entenderam a respeito do que comuniquei, estou sendo responsável pelo conteúdo que aplico e recebo em troca.

Se você quer se comunicar com ótimos resultados, tenha responsabilidade dupla, sobre o que diz e o que o outro entendeu. Essa é a real essência da conexão, que permite checar e descobrir se a conversação está fluindo.

O ser humano é linguístico, psicológico, biológico e social. Os nossos sentidos, representados pelos sistemas de ver, ouvir e sentir, têm a função de trazer percepções e informações ao cérebro, que processa tudo e rege ações ou decisões que adotaremos. É no núcleo desse processamento que está "a nossa visão de mundo", é nele que o "senso de responsabilidade" é colocado em pauta e prática.

Assim, faz-se necessário aquilo que já combinamos: calibra!

Vale calibrar para não ter ou desenvolver má-comunicação, que não prevê responsabilidade, nem realidade e muito menos verdade. O que existe na má-comunicação é conteúdo interpretativo, como ego, infantilização, vitimização, zona de conforto e outros elementos de potencial nocivo.

6. ANÁLISE DA EXPRESSÃO DE SENTIMENTOS

Você já fingiu estar apaixonado ou feliz? Em caso positivo, como expressou tais sentimentos? Se você jamais fingiu, conhece alguém que já o fez? E como sua análise ocorreu, para que percebesse tal fingimento? Como saber se existe ou não verdade?

Tudo começa na autenticidade, que é uma expressão da sua verdade interna. Isso quer dizer que para analisar sentimentos, você precisa conhecê-los e, para isso, deve ser autêntico consigo sobre os seus sentimentos. Daí sim, se conhecendo em tal profundidade, poderá fazer o mesmo e analisar os outros, conhecendo os sentimentos deles e a autenticidade sob a forma que foram expressados. Simples? Complexo? E agora?

Simplifiquemos: faça uma análise de como as pessoas com que convive expressam seus sentimentos a você. Na análise, leve em conta ainda como se comportam quando você expressa os seus sentimentos.

Prof. Marco Antônio Ott | 163

Provavelmente, você vai perceber que é uma análise que requer conhecimento, autoconhecimento e percepção, pois demanda usar o conteúdo do que se ouve, vê e se sente dos outros e de si. No fim das contas, é o tipo de análise que ensina você a conhecer melhor os sentimentos, seus e do outro, além da maneira como são expressados.

7. OS EVENTUAIS DESACORDOS

Palavra dada tem poder?

Combinado é combinado?

Nos tempos em que os homens usavam bigode com frequência, a palavra valia tanto quanto um fio.

Naquela época, homem que era homem usava bigode e para usá-lo, tinha que honrar sua "condição de homem", precisava ser cumpridor dos compromissos, custasse o que custasse, para honrar o bigode que ostentava. Se não cumprisse, passava vergonha.

O tempo passou, e o peso dessa vergonha já não existe na contemporaneidade do tempo.

No século XXI, um acordo que não é seguido, cria um desacordo, fazendo com que se reveja ou se elimine a responsabilidade dos envolvidos. Porém, será que alguém fica completamente satisfeito se um acordo é quebrado?

Pessoalmente, a minha resposta é: claro que não.

Abrangendo a reflexão, talvez eu nunca tenha testemunhado um tempo em que as expectativas tivessem tanto valor. Por outro lado, ter expectativas é muito saudável. Já o que vem com elas pode

164 | Ottimizando estratégias para a vida e carreira

não ser, principalmente quando há dificuldade em flexibilizar e lidar com imprevistos que ocorrem enquanto espera o que se deseja, ou quando a realidade não está de acordo com as expectativas, momento em que a ansiedade se apresenta. Um profissional de vendas, por exemplo, quando o cliente está na sua frente, a ansiedade pelo fechamento do negócio aumenta, dado o fato de que a maioria tem metas a conquistar. Como resultado, esse profissional pode perder a serenidade, argumentar sem profundidade, ou falhar em seu processo de comunicação como ou todo.

Agir sob a influência da ansiedade, certamente, resulta em problemas. Por isso, faço uma recomendação. Bateu uma ansiedade bruta por aí? Calibra! Entenda o que há por trás dessa ansiedade.

Volte ao capítulo do autoconhecimento (maior arma natural contra a ansiedade). Aprenda a usá-lo através do conhecimento adquirido e nesse contexto, combinando autoconhecimento e conhecimento como armas contra a ansiedade e seus derivados, talvez não seja tão saudosista resgatar valores e princípios que auxiliam para que os acordos sejam cumpridos, como no tempo do fio do bigode.

Para resolver essa questão, quem sabe um dia, todos os envolvidos em um acordo sigam as orientações de um processo japonês simples e eficaz, que simboliza uma aula magnífica de comunicação: "diga o que você faz, e faça o que você disse!".

Assim, passo a passo, cria-se um comportamento maduro e honesto que faz prevalecer, por um lado, o próprio direito e, por outro, o direito do interlocutor, garantindo o equilíbrio entre as partes que se comunicam.

Pois bem. Mergulhamos e investigamos esse "fundo do mar". Finalizamos o estudo da comunicação e suas facetas. Já podemos celebrar passos conquistados e, decerto, o cérebro está a mil, certo?

Passamos pela autoajuda, sobrevivemos à lida e aos mergulhos no autoconhecimento e no desenvolvimento, vasculhamos o mindset, descortinamos o bom comunicar de maneira visceral e agora, estamos prontos para o passo final. Temos um bom caminho pela frente, segure-se por aí...

Por último, aí vai a grande pergunta, que será respondida no último capítulo, sob o formato de pacto.

O que você passou é aprendizado e o que está passando, é oportunidade. Olhando para o futuro, onde se escondem os sonhos de uma vida inteira, você aceita praticar tudo o que aprendeu a partir de hoje?

Se a sua resposta for positiva, parabéns, você acaba de fazer um pacto evolutivo consigo!

CAPÍTULO 8

A VISÃO SISTÊMICA
DIANTE DE CADA
ÁREA DA SAÚDE

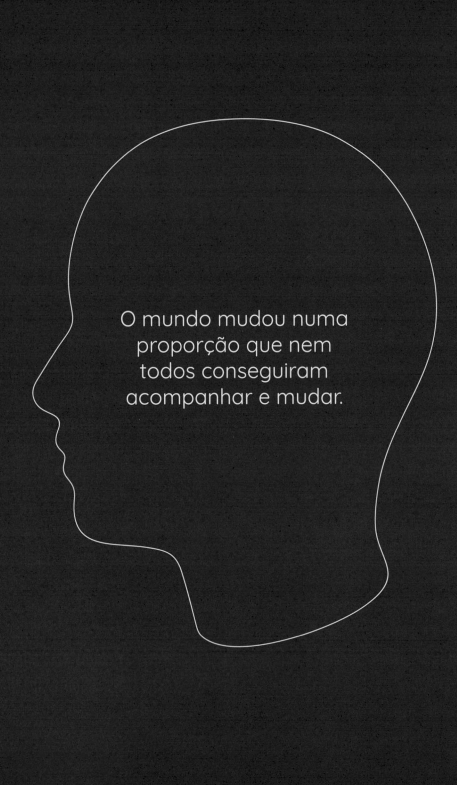

Muito bem, chegamos ao fim, ao derradeiro capítulo da obra, momento em que proponho um olhar sistêmico para a vida.

A partir de agora, levando-se em conta que passamos por tantas matérias do desenvolvimento humano em busca da mais ampla evolução, e considerando que exploramos amplamente os recursos e problemas da comunicação, agora há de ser interessante olharmos para a vida de uma forma macro, entendendo as dinâmicas do passado, da família, das necessidades gerais e dos relacionamentos como um todo, com o olhar atento naquilo que a Organização Mundial da Saúde (OMS) defende há bastante tempo, quando definiu o termo "saúde" não apenas pela ausência de doenças, mas como um estado de completo bem-estar físico, mental e social. Ou seja, proponho pensarmos e agirmos com essa perspectiva, mas sistematizando através das "sete saúdes" do ser humano.

Estamos falando de "sete saúdes", sete degraus, ou até mesmo sete necessidades (lembre-se que estudamos o que é necessário) para que um ser humano consiga viver bem, um conceito bastante utilizado por vários países em prol do desenvolvimento eficaz na vida das pessoas.

Não quero usar a obra para retratar ou aprofundar o conteúdo de cada saúde porque uma simples consulta em qualquer meio digital pode revelar isso, o que deixaria nossa discussão cansativa ou repetitiva. Quero, sobretudo, provocar reflexões do que pode estar errado e do que pode estar certo num contexto sistêmico, de programação e hábitos no senso comum. Além disso, um olhar especial será destinado àquilo que pode trazer complicações à saúde, em cada área.

Assim, vamos entender como olhar para a nossa existência de forma plural e, acima de tudo, compreender o que pode complicar a evolução e a ascensão nas demandas familiares, nos negócios, na saúde. Separando as áreas por grupos, há de ficar mais fácil e produtivo entender. Está pronto(a)?

8.1 - GRUPO 1 - SAÚDE FAMILIAR

Talvez, de maneira inconsciente, muitos honram hábitos e crenças que um dia funcionaram nos tempos dos bisavós e que, hoje, retroalimentados por essa dinâmica de "honrar", são capazes de trazer possíveis e sérias complicações.

Ottimize-se 66:
"O mundo mudou numa proporção que nem todos conseguiram acompanhar e mudar".

As pessoas, as famílias, os papéis, as circunstâncias sociais mudaram. Não se pensa como antes, não se acredita como antes, não se limita como antes, não se faz quase nada como era antes.

O modelo que previa existir um "homem provedor da família" foi se modificando na mesma medida em que a evolução humana veio ocorrendo, com diversos casos em que se nota a inversão de papéis na condução de um lar, por mulheres detentoras do poder financeiro antes conferido aos homens. Evolução é isso, mudanças associadas à transformação do que era.

Para encontrar novos resultados, lembre-se que o que não mudou é a saúde em si, aquela sensação de bem-estar ou estar bem, que significa exercitar o que faz bem em uma família.

A união, o apoio, a presença, os momentos, o amor e assim por diante.

Vou dar um exemplo bem inusitado, que retrata a minha saúde familiar. Eu quero e procuro aproveitar tudo o que as pessoas da família têm a oferecer de melhor. Mas, e quanto ao pior? Ora, isso elas têm de dar conta de resolverem por si próprias (lembra da lição de meu filho? se você tem um problema, resolva).

O que é bom, eu deixo que venha, e o que não for, eu deixo que vá. Assim, vou exercitando não identificar e nem me apegar ao que não me diz respeito, respeitando aquilo que não é meu, deixando a quem é dono, afinal, identificação é sinônimo de apego.

Não existe certo ou errado. Acabo de ilustrar a minha forma de pensar na própria evolução da saúde familiar. O mais importante é que você reflita e decida sobre isso, que não deixe a saúde familiar correndo solta, marcada por crenças velhas.

8.2 - GRUPO 2 - SAÚDE PROFISSIONAL

Possíveis complicações que a pessoa enfrenta no trabalho, talvez de maneira inconsciente, derivam do fato de não conhecer e entender o que faz, ou da dificuldade de lidar com a programação de "limites".

Vejamos um pensamento clássico para exemplificar, trazendo outro fictício personagem, mas que existe aos montes por aí:

Digamos que o pai de Francisco tenha sido um homem digno e exercido a função de operário a vida inteira, sempre evitando dar um passo além, por medo de não se adaptar e perder sua posição.

Francisco, que também atua como operário na mesma empresa em que o pai se aposentou, não deve se esforçar para ser líder de produção? Não deve estudar para ser líder? Sim, ambos sabemos que se esse for o seu desejo, ele merece a oportunidade. Porém, em vez disso, talvez Francisco pense:

Vai que a empresa me promove, eu troco o certo pelo duvidoso e depois, sou demitido. Como explicaria isso ao meu pai, que passou a vida toda aqui? Seria uma vergonha. Melhor e mais garantido mesmo é fazer como fez o meu pai, e me aposentar como operário.

Ottimize-se 67:
"O medo da escassez priva o desejo de ascensão".

Digamos que lá na mais profunda intimidade do pensamento e dos desejos sobre a saúde profissional, esse exemplificado Francisco deseja ser líder, mas abre mão de estudar, honrando a mesma carreira do pai. Obviamente, será um operário frustrado e não se trata de "se", mas de "quando" a frustração vai bater à porta.

172 | Ottimizando estratégias para a vida e carreira

O medo da escassez
priva o desejo
de ascensão.

Esse medo da escassez é perceptível até em sala de aula. Já vi aluno em cursos de especialização que está ali por medo de não ter um diploma de especialização e não para aprender, como deveria ser o ideal. Sente-se obrigado a estar no curso, só para ter a profissão.

Conheço empresários que trabalham muito para fazer suas empresas crescerem ano a ano, sem se perguntar quanto, como e até quando querem crescer, sem determinar limites.

Certa vez, ouvi um empresário reclamando de problemas financeiros causados pela compra de outra empresa, numa cidade diferente da matriz. Perguntei a ele:

Bem, você é um empresário experiente. Com certeza, quando fez a compra da empresa que agora está causando prejuízo, deve ter previsto o risco. Certo?

A resposta dele me surpreendeu.

Confesso que comprei, Marco, pelo simples fato de que se não comprasse, a concorrência compraria, e mesmo sem o recurso programado para a compra, preferi me endividar porque pensei que era inaceitável a concorrência estar lá, em vez de nós.

E onde podemos encontrar os limites?

O que fazer para encontrar novos resultados na obtenção de uma profissão saudável?

Pense um pouco:

- Você trabalha?

- Faz o que gosta?

- Produz algum resultado que se orgulhe?

- É reconhecido(a)?

- Está satisfeito(a) com a sua produtividade?

- Sente-se cansado(a) além do aceitável?

- Como é a qualidade da sua entrega?

- O retorno financeiro é compatível com a sua entrega?

É na resposta das perguntas que encontramos atitudes capazes de ajustar nossa conduta e não podem ser padronizadas ou generalizadas porque **devem retratar a verdade, e não a interpretação da verdade**. Eu tenho as minhas, você tem as suas.

Como diz Anthony Robbins, "não existem fracassos, somente resultados". Eu gosto desta frase! Olhe para os seus, pois **o mundo é assim por que você é assim**. Pense nisso, mude o que for necessário em crenças e ações, olhe sistemicamente para o passado e para o futuro. A sua saúde profissional agradece!

8.3 - GRUPO 3 - SAÚDE FÍSICA

Possíveis complicações que estamos honrando, talvez de maneira inconsciente, apontam para a comparação sem responsabilidade.

A pergunta "como assim" acaba de se insinuar em sua mente? Vamos lá.

Ottimize-se 68:
"Se for contaminado pelo comparativo social, o ser humano pode até questionar suas crenças, seus filtros e valores".

Que tal um exemplo?

Numa academia, é possível encontrar pessoas de corpo defini-do, delineadas por músculos e curvas. Se alguém acima do peso ou com despreparo aparece e vê esse "colega de treino" super malhado, acaba comparando ao próprio corpo, exercendo o autojulgamento de não ser, no mínimo, parecido com a pessoa que está vendo.

Existe responsabilidade em julgar?

Existe responsabilidade em julgar-se?

A responsabilidade recai sobre os ombros de quem não faz, de quem não realiza?

Ou a responsabilidade recai sobre os ombros de quem faz, pois sabe que cada um é responsável pela própria vida?

Sobre o tema, tenho vasto conteúdo e conhecimento. Estou acima do peso desde os sete anos, com tendência para acumular e dificuldade para perder peso. Além disso, sinto enorme alegria ao preparar comida para as pessoas que amo, de meu convívio, da outra saúde que analisamos, a familiar.

Quando decidi ser pai, comecei a pensar um pouco diferente do que pensava sobre o meu corpo, e temia que meu filho fosse no mesmo caminho.

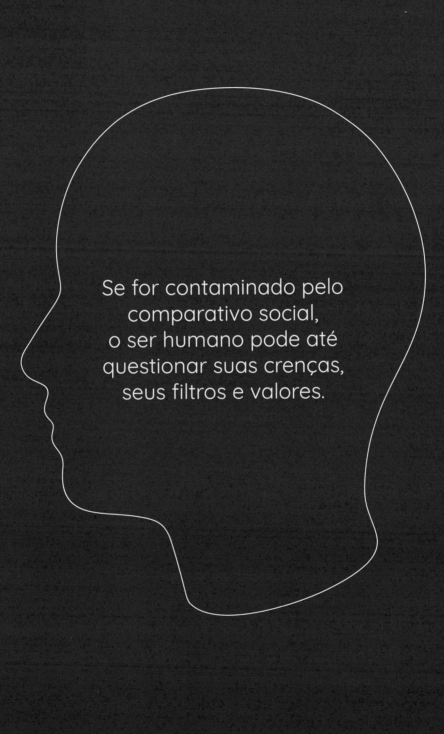

Fato confirmado, meu filho está na mesma estrada e isso ativou a responsabilidade paterna de ajudá-lo. Como todas as crianças do mundo, ele come o que os pais deixam comer, pratica os esportes que os pais o deixam fazer e aprende com o exemplo dado pelos pais. Ou seja, ele observa e imita.

Expandindo o exemplo a todas as famílias, a criança come o que você come, faz o exercício que você faz, e vai construindo a própria personalidade dentro do modelo ofertado. No meu caso, essa constatação me tirou da zona de conforto, pois a responsabilidade pela saúde dele era minha e da minha esposa.

Percebeu o "*gap*"?

Eu, sem assumir responsabilidade, estava comparando meu filho comigo, alimentando o medo em vez de assumir uma atitude.

O que fazer para encontrar novos resultados nesta situação íntima? Trocar o desafio de emagrecer pelo desejo de ter saúde.

Trocar as dietas restritivas pela busca de orientação, seguindo uma base mais saudável durante a semana, sem julgar a sobremesa do domingo.

Trocar o hábito de ficar no sofá por atividades físicas regulares. Evoluir neste contexto, me permitiu ser alguém que pratica exercícios diariamente, a possuir exames com resultados equilibrados, a proporcionar ao meu filho o desejo de querer isso para a vida dele também.

Não tenho compromisso com a verdade e esta é a minha, porém atesto que foi um gratificante salto para ter mais saúde física pessoal e familiar, portanto, trabalhando duas áreas ao mesmo tempo. E você, tem saúde física? Tem filhos? Eles têm saúde física?

8.4 - GRUPO 4 - SAÚDE EMOCIONAL

Possíveis complicações que estamos honrando do passado remoto ou recente, talvez de maneira inconsciente, ocorrem quando tentamos administrar as emoções sem antes entendê-las de verdade.

Como mencionei na apresentação, calibra!

Ottimize-se 69:
"Não adianta dizer que está emocionalmente bem, se os comportamentos práticos e os resultados obtidos demonstram o contrário".

Procure entender o que há por trás da emoção, ali está o segredo. Com todo o conteúdo que você absorveu até aqui, decerto possui ferramentas para "se entender" e, caso fique difícil, retome a leitura dos trechos conhecimento, autoconhecimento e desenvolvimento. Lembre-se que toda emoção surge a partir de um sentimento que o próprio pensamento nomeou.

A ansiedade, por exemplo, costuma vir acompanhada do imediatismo. A maioria das pessoas quer ter um "sentimento de bem--estar", quer a felicidade "aqui e agora", ao fácil alcance das mãos. Porém, na vida colocada em prática, se a conquista é frágil, tão logo o tempo avança, a "pílula da felicidade" perde efeito.

Outro ponto que percebo é a falta de costume para olhar o mundo interno com medo de ver as vulnerabilidades, culpas, mágoas, tristezas e outras mazelas, suprimindo ou retendo essas emoções evitadas, chegando até a adoecer por dentro.

É sim um desafio reconhecer nossas emoções, principalmente quando a vida que tivemos não foi das melhores, segundo o julgamento.

Como não fomos ensinados a conhecer ou reconhecer nossas emoções, perdemos a oportunidade de perceber e escolher o que fazer com elas, e achamos que exercendo "controle", as coisas ficarão melhores, a vida vai se resolver e vamos sofrer menos.

Pura ilusão.

Ottimize-se 70:
"Do mesmo jeito que o céu não acompanha as nuvens, estamos sob o efeito da impermanência e devemos nos lembrar disso".

Onde e quando você muda, novas pessoas surgem, as do convívio de hoje você não conhecia ontem, a música legal de ontem hoje enjoa e parece chata, o namoro bobo de ontem vira um amoroso casamento.

Enfim, há um tempo em que aprendemos, afinal, que as emoções querem nos dizer algo, que possuem e trazem mensagens, como se a mente aguardasse que comecemos já o processo de conhecer nossas emoções.

Uma dúvida de cruel natureza pode surgir.

Mas, o que fazer para encontrar novos resultados, se até aqui eu ainda nem sabia que deveria conhecer as emoções para gerir meu bem-estar e ter uma vida melhor?

Tenha curiosidade. A responsabilidade pelo estado emocional depende da "forma como reage" ao ambiente, às circunstâncias, às pessoas. Essas reações, por sua vez, vão se manifestar, independentemente da vontade e da consciência, caso a pessoa não tenha sido curiosa o suficiente para querer entrar em contato com tudo isso.

Lembre-se que as suas emoções não são impermanentes e sim as suas reações, já que os episódios vêm e vão, mas as suas emoções sempre estarão presentes, cada uma delas.

Por último, quero registrar umas dicas para manter e aperfeiçoar a sua saúde emocional. Para isso, vou me basear na principal consequência da saúde emocional comprometida, que é o esgotamento emocional.

Sabe de onde vem esse esgotamento emocional? Há vários fatores e vou exemplificar, listando as dicas que prometi como antídotos.

a) **da fadiga e do cansaço** - descanse a mente, leia, tenha um ou mais *hobbies*, desafie-se;

b) **das atitudes temerárias** - melhore suas atitudes a partir do autoconhecimento e dos objetivos que determinou para cada área da vida;

c) **do vampirismo energético** - aproxime-se de pessoas leves, alegres, de bem com a vida e não tenha vergonha manter distância daquela pessoa que você sente ser capaz de "drenar" suas energias;

d) do abandono íntimo - invista em você, melhore a alimentação, se divirta, movimente o corpo, invista em sua beleza, no figurino, no conhecimento, cresça profissionalmente, volte a estudar algum tema que gostava e abandonou;

e) da negatividade - foque em comportamentos positivos que são capazes de sobrepujar os derivados da negatividade, como a frustração e o desânimo, sempre se lembrando de praticar o antídoto natural, que é qualquer atividade prazerosa (mas deve ser **para você** e não a atividade que "todo mundo acha bacana").

E aí? Deixei boas dicas? Ou você vai alegar que uma e outra é "clichê"? Acredite: se qualquer uma delas for ignorada ou banalizada, pode impedir os avanços em sua saúde emocional. Percebo a cada dia que o "óbvio precisa ser dito". Pense nisso!

8.5 - GRUPO 5 - SAÚDE FINANCEIRA

Possíveis complicações que estamos honrando, talvez de maneira inconsciente, quiçá, apontam para ver o dinheiro como fim e não meio.

O que se vê na maioria das vezes é que o trabalho serve para ter salário e pagar as contas, com a frágil percepção de que o conceito de saúde financeira se resume a pagar todos os compromissos e ainda sobrar algum dinheiro para projetos ou emergências.

Ottimize-se 71:
"A saúde financeira está além da educação financeira, pois tem a ver com as crenças e comportamentos de cada um em relação ao dinheiro, portanto, preciso ter inteligência financeira".

Quando pequeno, aprendi que dinheiro era sujo. Diziam que eu não deveria "pegar" nas notas porque estavam contaminadas por bactérias que passam de mão em mão.

O tempo passou e ninguém se lembrou de ressignificar aquilo, ninguém simplificou o que era bem elementar de ser explicado. Enfim, ninguém disse:

Marco, os adultos falavam assim porque toda a criança precisa aprender que não deve levar as notas à boca.

Se ninguém o fez, o que podemos concluir?

Adultos imputam a crença de que dinheiro é sujo, porém esquecem de dizer à criança, mais adiante, o porquê.

Um dia, já adulto e consciente das coisas, percebi que quando o dinheiro aparecia em minhas mãos, eu dava um jeito de me livrar dele. E descobri que fazia isso, pois a relação emocional que tinha com o dinheiro era de que "estava contaminado" e o cérebro armazenava esse registro bem gravado. Por isso, tratava de me livrar do dinheiro que surgia o mais rápido possível, num movimento quase de "natural defesa".

Entendeu a mensagem? Calibra!

Reveja as crenças que imputaram a você ou as que porventura tenha internalizado ao comprar uma ideia, um pensamento limitante em relação ao dinheiro.

Não existe fórmula perfeita para que você obtenha saúde financeira, já que pessoas, crenças, situações, profissões e necessidades são diferentes. Portanto, sugiro que pense sobre o dinheiro que tem e que ainda quer ter, se perguntando com frequência, sem jamais deixar tal questão sem revisões mentais.

O que eu quero fazer com este dinheiro?

Para encontrar novos resultados em relação ao dinheiro, é válido formar uma crença nova, que pode e deve ser "sua", seja qual for, mas posso sugerir um exemplo:

Para ser uma pessoa financeiramente saudável, preciso de bom senso, disciplina, de uma reserva no mínimo dez vezes acima do valor necessário para passar um mês e, o mais importante, definir um destino a todo o dinheiro que conquistar.

Sem uma crença de tal natureza ou semelhante, qualquer dinheiro que você conquistar à base de muito suor, vai parar nas mãos dos empresários ou empreendedores que investiram pesado em marketing para atrair o seu inconsciente desejo de compra. Isso explica, por exemplo, porque a maioria das coisas que as pessoas compram não estavam no planejamento de aquisição e, ao contrário disso, são frutos de compras espontâneas, de "uma repentina vontade" de levar para casa algo que não precisa, com um dinheiro que muitas vezes nem possui ainda, usando o sistema de crédito e seus respectivos juros (o mercado sabiamente classifica isso como "compra de impacto". E, convenhamos, qualquer brasileiro que em determinado mês não conseguiu liquidar 100% do crédito de seu cartão ou precisou do limite de crédito estrategicamente oferecido pelo banqueiro, conhece bem a lógica perversa desses juros.

Merecemos entender, por fim, que o dinheiro nunca é o fim, mas o meio para conquistar o que se deseja obter. Seguindo uma lógica simples e eficaz que vou apresentar agora, cabe definir o que quer e o que precisa. Agindo dessa forma, destinará seus esforços à conquista do dinheiro que será "o meio" para atingir sua meta. Ei-la.

destinar + esforço + ganho financeiro = conquistas

Portanto, o melhor meio de conquistar o que deseja ou precisa é destinar o recurso e se esforçar para conquistar cada vez mais dinheiro, para fazer mais coisas e obter maiores conquistas. Lembre-se da palavra destinar, é nela que está o segredo.

Tome por exemplo qualquer multimilionário ou banqueiro. Todo montante conquistado que entra na estrutura financeira de seu negócio é destinado a um investimento para gerar mais dividendos, às despesas operacionais ou estratégicas e nunca, repito, nunca você verá um mega investidor fazendo comprinhas de impacto com um dinheiro que fará falta à estratégia ou à operacionalidade de seu negócio. Leve esse conceito para a sua vida, destine recursos e a independência financeira passará a ser um objetivo que não está mais além do horizonte. Em vez disso, ela entra no campo de visão de longo prazo, mas entra, que é o mais importante.

Eu sei que alguns vão dizer que dinheiro não é tudo e concordo plenamente. Da mesma forma que aprendi a me livrar do dinheiro conquistado, conheci pessoas que dizem que o dinheiro não é tudo, mas questionam "os outros" sobre como utilizam seus rendimentos, se esquecendo de olhar para o próprio comportamento, o próprio umbigo financeiro, digamos assim.

Quero contar uma história verdadeira que retrata exatamente isso. No relato, veremos que **saber fazer e não fazer é o mesmo que não saber**.

Vamos chamá-los de Paulo e Maria, um casal que vivia com seus dois filhos.

Paulo e Maria estavam empregados e com o salário, viviam uma vida normal e modesta, trabalhando muito e descansando nos fins de semana. Ambos diziam que viviam bem e que um dia, teriam a casa própria, comprariam um carro novo e viajariam de férias.

Paulo tem um irmão mais novo que resolveu estudar e, através do seu esforço, se deu bem na carreira, com ganhos que superam a soma dos salários de toda a família.

O irmão, por sua vez, solteiro e desimpedido, resolveu usar parte dos seus recursos para aproveitar a vida, gastando uma fração dos ganhos com bens e festas.

Quando me contaram sobre como o jovem solteiro vivia, expressaram forte indignação.

A gente já pediu várias vezes para esse menino não fazer o que faz e como faz, mas ele simplesmente não escuta. – se queixaram em total concordância.

Aos olhos de Paulo e Maria, o jovem não deveria gastar o dinheiro em festas ou viagens, na potente motocicleta comprada ou no charmoso barco recém-adquirido. E continuaram o relato, enquanto eu escutava em silêncio, respeitando o ponto de vista do casal:

Ele deveria procurar uma forma de se ajeitar na vida, montando uma família e guardando todo o dinheiro para o futuro. Afinal, ninguém sabe o dia de amanhã.

Até aí, é uma história como tantas outras que vemos por aí, mas o foco mudou quando resolvi questioná-los.

— Por que vocês acham que ele não deveria fazer o que faz, da forma que faz?

— Ora, porque a gente sabe o valor que tem o dinheiro, a gente rala, trabalha muito e não consegue conquistar as coisas. Já ele esbanja e não fica com nada.

— E por que vocês acham que não são ouvidos por ele? – voltei a perguntar.

— Não temos a menor ideia, só pode ser por causa da imaturidade.

Tratei de estimular a curiosidade de Paulo e Maria.

Olha, eu tenho uma hipótese sobre o porquê de ele não ouvir vocês.

Ambos ficaram curiosos e sem querer, perguntaram juntos.

Qual é?

— Quando alguém procura dizer o que o outro deve fazer a respeito de alguma coisa, espera-se que esse alguém seja um exemplo a ser seguido quanto ao tema discutido, certo? Ou, como geralmente falam por aí, é preciso ter "moral" para falar de algo, concordam?

Os dois balançaram a cabeça em sinal positivo, então concluí.

— Qual é a moral que vocês têm para "falar que ele deve viver diferente do que vive", se o que ele ganha é o dobro do que vocês dois juntos, se o que ele faz e compra com o dinheiro honesto dele, tem até alguma semelhança com o que vocês sonham?

A resposta veio sem palavras, mas em sinal de desapontamento. E complementei.

— Se vocês observarem o que ele faz e o que ele ganha, se resolverem trabalhar como ele para também alcançar o que dizem desejar na vida de vocês, o comportamento de ambos continua igual em relação ao dinheiro?

A feição de Paulo e Maria mudou na hora, e ambos expressaram que não percebiam que olhar para o outro fez com que sentissem inveja de suas conquistas, a tal ponto que focaram no jovem e esqueceram da própria vida financeira.

A história nos mostra que apenas dizer "o dinheiro não é tudo", dependendo do caso, gera zona de conforto, facilita a desculpa para não agir e obter dinheiro,

É válido e benéfico lutar pela conquista da sua saúde financeira, que pode colocar sua vida em patamares, antes, inimagináveis. Porém, lembre-se de deixar a vida financeira do outro em paz, enquanto conquista a sua.

8.6 - GRUPO 6 - SAÚDE INTELECTUAL

Possíveis complicações que a pessoa esteja honrando, sistemicamente e de maneira inconsciente, neste campo, apontam para deixar de explorar seu máximo potencial de reflexão, impedindo que a verdadeira conexão apareça entre a relação "o que sou, quem sou e qual é minha missão".

Ottimize-se 72:
"A ausência de autoconhecimento gera dúvidas e faz nascerem crenças impeditivas, que atrapalham a melhor chance de esclarecer a nossa própria verdade".

Percebo que existe muita polaridade sobre o tema da saúde intelectual. Simplificando, ou ela é desenvolvida, ou não é. O fundamental é que exista e seja exercitado o equilíbrio entre o desenvolvimento do cérebro racional e cérebro límbico, ou cérebro emocional.

Em outra análise, muitos ignoram a diferença entre "ter" e "praticar" saúde intelectual. Esclarecendo, ter é **saber** o que é saúde intelectual. Praticar é **fazer** algo com o que se sabe.

Ottimize-se 73:
"Aquilo que a pessoa quer e não tem, está intimamente ligado àquilo que ainda não sabe".

Para encontrar novos resultados, deve-se obter primeiramente a consciência de que a saúde intelectual exerce influência direta em todas as outras saúdes, assim como a ausência dela.

A ausência de
autoconhecimento gera
dúvidas e faz nascerem
crenças impeditivas,
que atrapalham a melhor
chance de esclarecer
a nossa própria verdade.

Há de se investir tempo e esforço para aplicar o que já se sabe, e uma pessoa intelectualmente saudável usa suas aptidões para expandir ainda mais as habilidades e o conhecimento.

O bem-estar intelectual necessita de estímulos capazes de instigar seu processamento a buscar mais e mais informações, como se a mente se retroalimentar do conteúdo que recebe como exercício. Quanto melhor a qualidade desse conteúdo, maior o potencial da mente para gerar saúde intelectual.

A exemplificar, a busca por assuntos atuais, o convívio com pessoas e grupos que agregam conteúdo relevante, as vivências que estimulam o "livre pensar" (palestra, aula, *workshop*, mentoria, treinamento e outros formatos), a valorização da criatividade, o despertar ininterrupto da curiosidade e a aprendizagem em geral. Todos esses e vários outros caminhos podem ajudar a conquistar e aumentar, cada vez mais, a qualidade da saúde intelectual.

Estudos da neurociência comprovam que quem desenvolve e possui essa inteligência intelectual, corre menor risco de obter doenças degenerativas que atacam e atrofiam o cérebro pouco utilizado.

Quer estimular sua saúde intelectual? Tome decisões difíceis. Envolva-se em grandes questões, pense muito e trabalhe para adotar as mais complexas decisões, aquelas que a maioria tende a procrastinar, aquelas que podem mudar o rumo da sua vida, o rumo da vida das pessoas que você ama, ou o caminho da empresa onde você entrega o seu melhor. Traduzindo essa última, quanto maior a sua saúde intelectual, maiores as chances de ascensão na carreira e nos negócios.

Prof. Marco Antônio Ott

Outra vez ilustrando com um exemplo, uma decisão que tem potencial para mudar a vida de alguém de maneira disruptiva, é aquela que se adota porque "não aguenta mais" o que está acontecendo ou vivendo. Carlos era um profissional liberal que "ganhou" literalmente toda a estrutura para trabalhar dos seus pais. Ganhou os estudos, apartamento, carro e 100% da sua moderna clínica veterinária. Teve todos os recursos para ser bem-sucedido. Porém, a falta de saúde intelectual o levou ao vício em jogos on-line e destruiu as bases de seu futuro.

Certa vez, já sem nada mais do que foi herdado e trabalhando como funcionário em uma pequena clínica veterinária, Carlos resolveu que queria mudar essa situação em mais uma só jogada, acreditando na "jogada do século", comum entre viciados em jogos de azar. Resultado?

Criou e acumulou uma dívida em seu cartão de crédito que o obrigou a pedir dinheiro para os seus pais, mais uma vez.

Carlos dizia ter vergonha de fazer isso, mas essa não foi a primeira vez. Como seus pais se recusaram a pagar a conta, ficou ainda mais difícil e para piorar sua situação, perdeu o emprego, pois pegou dinheiro do caixa sem permissão, para pagar a taxa mínima do seu cartão.

Toda essa história retrata um homem que não toma a mais difícil das decisões. Aliás, a falta de saúde intelectual o impede de ver como sair dessa e fazê-lo parar de "jogar com seu futuro".

Calibra!

Avalie seus vícios, tanto os escancarados quanto os mais inconfessáveis e contra eles, use o que está registrado em seu DNA, a força que advém da saúde intelectual e só espera sua decisão para ser despertada e aprimorada. Agindo assim, você terá blindagem emocional para facilitar as conquistas.

8.7 - GRUPO 7 - SAÚDE SOCIAL

Possíveis complicações que estamos honrando, talvez de maneira inconsciente e sistêmica, apontam para a ausência de prosperidade nos ambientes sociais.

Os sintomas são clássicos e fáceis de identificar. Com a saúde social comprometida, aos poucos a pessoa vai deixando de interagir, se comunicando com superficialidade, experimentando nítidas dificuldades de estabelecer e manter uma conexão pessoal com alguém e, principalmente, perdendo a oportunidade de se relacionar de maneira saudável e equilibrada com todos que fazem parte de sua vida, em qualquer ambiente.

A tecnologia ajuda a atrapalhar isso? Não, e sim.

Ottimize-se 74:
"A tecnologia trouxe inúmeras novas maneiras de interação. Muitas, no entanto, têm potencial de forçar o convívio digital em detrimento do presencial, afastando as pessoas das relações de verdade, às vezes travando e limitando a saúde social".

Provando que não sou antagônico à tecnologia e sim ao modo que a percebemos, ofereço outra reflexão.

Prof. Marco Antônio Ott | 193

Ottimize-se 75:
"Temos um mundo inteiro em nossas mãos, com acesso imediato ao que acontece no mundo inteiro, bastando alguns toques no dispositivo móvel ou no computador, um benefício que os nossos semelhantes dos séculos anteriores sequer sonharam ser possível".

Do macro que acontece no mundo ao micro que acontece em casa ou na empresa, conhecemos as rotinas de muitas pessoas (ao menos, a rotina que elas querem ou permitem que se conheça). Do micro ao macro, podemos aprender algo a todo instante, fazer um curso em qualquer língua que disponibilize tradução para quem não a domina, o que facilita nossa comunicação com outros povos e culturas, acessando tudo ao "preço simples" de poucos cliques, em qualquer lugar que estiver, literalmente na palma da mão.

Ao mesmo tempo em que a tecnologia nutre a sociedade com inúmeros benefícios, ela também diminui e em algumas situações, até elimina a oportunidade de compreender as relações interpessoais, que são o núcleo da saúde social.

Observo pessoas que têm muita facilidade para manter um relacionamento virtual, mas que se mostram incapazes de trocar ideias "pessoalmente". Já reparou nesse fenômeno?

Há ainda outro cenário parecido. Todos os dias, surge algum "personagem de *streaming*" que parece fantástico enquanto lê

194 | Ottimizando estratégias para a vida e carreira

a pauta de seus vídeos e, uma vez que é entrevistado ao vivo, se mostra intelectualmente abaixo do que costuma oferecer em seu canal. Ou seja, dá a entender que o conteúdo oferecido no canal é "interpretado" por ele, mas da "autoria" de outra pessoa. Trocando em miúdos, isso significa que a tecnologia também pode comprometer a qualidade do conhecimento que é oferecido on-line e ao vivo.

Abordando nossas oportunidades de aperfeiçoamento da saúde social, para encontrar novos resultados devemos treinar a capacidade de lidar com os outros, a tolerância de enxergar as demandas de acordo com os nossos valores mais nobres, porém respeitando o modelo de mundo do interlocutor, pois é impossível querer que a pessoa pense, decida e socialize como a gente costuma fazer.

Quem busca saúde social merece aprender que "se frustrar" faz parte do processo, e que cada semelhante tem o "seu tempo" de ação, reação e decisão. Quando tenta forçar a pessoa a agir de acordo com o que você entende ser correto, sem querer acaba tentando fabricar "um novo você" e nada pode ser mais antissocial do que impor a sua verdade "onde e com quem" ela não se encaixa.

Para facilitar as relações interpessoais, aprenda a se relacionar com a genuína alegria de conhecer a verdade do outro e propor a sua como nós, professores, propomos: pela perspectiva do ensinamento, da troca, e jamais da obrigatoriedade.

Nas empresas não é diferente. Dentre os que lá estão, a falta de segurança psicológica e profissional gera medo do par, do líder, das demandas, de perder o emprego, de não ser promovido, de não ser aceito e admirado. Tudo isso deriva da ausência de saúde social, pois se lidamos com o outro sem temê-lo, dotados de uma saudável visão nesse campo, estamos aptos a dar o nosso melhor e fazer cair por terra esses tantos medos que impedem a saúde social de prosperar.

Precisamos ver os colegas de trabalho como clientes internos, num cenário em que todos precisam de todos, com o pensamento sistêmico e abrangente, percebendo que, na maioria das vezes, estamos mais tempo com eles do que com a família. Tal filtro de percepção há de facilitar a multiplicação do melhor que temos a oferecer, assim como o melhor que podemos receber dos outros.

Ottimize-se 76:
"Quando a melhor performance a ser dada ao semelhante vai e volta, a saúde social foi estabelecida ou restabelecida".

Pratique um tema-irmão da saúde social, que estudamos muito, a comunicação. Mantenha-se com disposição para falar e escutar, esteja aberto a ouvir e pedir *feedbacks*, tenha atitudes positivas inclusive diante dos problemas. Tenha respeito pelo outro e estabeleça limites interpessoais de mútuo respeito. Práticas dessa natureza, além de perfeitamente aplicáveis à rotina de qualquer profissão, facilitam a melhor saúde social possível.

A saúde social tem profundas raízes na arte de se comunicar, assim como a comunicação depende da saúde social para gerar prosperidade às demais saúdes, o que resulta numa irmandade de saúdes que merece atenção diária.

Ottimize-se 77:
"A saúde social tem profundas raízes na arte de se comunicar, assim como a comunicação depende da saúde social para gerar prosperidade às demais saúdes, o que resulta numa irmandade de saúdes que merece atenção diária".

Por último, sobre a grande pergunta, a última, vou relembrar a você e responder em seguida:

O que você passou é aprendizado e o que está passando, é oportunidade. Olhando para o futuro, onde se escondem os sonhos de uma vida inteira, você aceita praticar tudo o que aprendeu a partir de hoje?

Talvez, você já tenha dito sim e se não o fez, convido você a dar o seu "sim" agora, em favor de um futuro mais próspero e saudável dentro de cada área que acabamos de avaliar.

Quero agradecer a você que leu cada pensamento, cada *insight* que compartilhei, pois fiz enorme esforço para entregar a você um compacto da minha missão de vida, que consiste em "professorar", ensinar o semelhante. Peço a você uma gentileza: faça contato, mencione como o meu legado escrito ajudou você, destaque algum trecho, faça sugestões para o próximo livro, esteja à vontade. Vou deixar o e-mail pessoal e prometo responder, ainda que seja necessário um tempinho, por conta dos compromissos.

De professor para leitor, deixo a você aquele abraço e um "até breve"!

Agora que você vem se familiarizando com a expressão desde a apresentação, que já sabe o significado desse termo simples e ao mesmo tempo profundo que usamos por aqui, eis a minha última palavra, que retrata aquilo que mais desejo para a sua vida:

Enfim, Calibra!

CONTATOS:

Instagram:

@marcoantonioott

LinkedIn:

linkedin.com/in/marcoantonioott

E-mail:

marco.ott@gmail.com

Site:

ottimizando.com.br